조혜숙의
글로 배우는 한중국어 3

한글로 배우는 중국어 3

2022년 9월 5일 초판 1쇄 발행

발행처	(주)똑똑한형제들
지은이	조혜숙
출판등록	제2022-000194호
주소	서울시 강남구 논현로2길 60, 2F
대표전화	02-334-0091
팩스	02-334-0092
정가	값 15,000원
ISBN	979-11-979521-4-2
	979-11-979521-1-1(세트)

ⓒ ddokddok brothers, 2022
이 책은 저작권법에 따라 보호를 받는 저작물이므로 무단복제와 무단전재는 법으로 금지되어 있습니다.
이 책 내용의 전부 또는 일부를 이용하려면 반드시 저작권자와 (주)똑똑한형제들의 서면동의를 받아야 합니다.

잘못된 책은 구입하신 곳에서 교환해 드립니다.

한글만 알면 누구나
쉽게 중국어를 마스터하는 신비한 비법!

조혜숙의
한글로 배우는 중국어 3

BBOK®
brothers

머리말

한국인이 배우기에 가장 쉬운 외국어는 중국어!

　지금까지 중국어를 떠올리면 한자랑 성조가 너무 어려워서 못 배우겠다는 선입견이 많았는데, 사실은 알고 보면 한국인이 배우기에 가장 쉬운 외국어는 중국어입니다. 영어를 배우는데 들였던 노력의 반의 반의 반만 들여도 아주 유창한 중국어를 할 수 있게 되는데, 단 전제는 중국어의 특징을 제대로 파악한, 제대로 된 학습법으로 공부해야 한다는 것입니다.

　저는 지난 20여년 간 한국인이 중국어를 빠르고, 쉽고, 재미있게 배울 수 있는 학습법을 연구해 왔으며, 그 결과 '그래 성조 학습법(특허번호 제10-1342953호)'과 '말하기 학습법(특허번호 제10-1844982호)'으로 2개의 특허를 획득하였고, 아이가 태어나 처음 언어를 배우는 원리를 차용한 '소리학습법'을 개발했습니다. 그리고 이 책은 중국어를 가장 쉽게 배울 수 있는 이 3개의 학습법이 모두 적용되었습니다.

특허1 　노래를 부르면서 쉽게 마스터한다! **그래 성조 학습법**

　　　중국어의 가장 큰 특징은 '성조가 있다'는 것입니다. 성조는 중국어가 낯설고 어렵게 느껴지게 하는 가장 큰 원인이라서 저는 '그래 성조 학습법', 일명 '그래송'을 발명했습니다. 중국어에는 1성부터 4성, 그리고 경성이라는 성조가 있는데, '그래송'은 '1성+1성'부터 '4성+경성'까지 20개의 성조 조합을 노래하듯이 연습하도록 했습니다. 20개의 성조 조합인 '그래송'을 자유자재로 부를 수 있게 되면 중국어 문장을 중국 사람처럼 아주 잘 읽게 됩니다. '그래송'은 2013년 특허를 획득한 이래 이미 수많은 학습자들을 통해 검증된, 단언컨대 중국어 성조를 가장 쉽게 배울 수 있는 학습법입니다.

특허 2 　모국어를 배우는 방법으로 중국어를 배운다! 소리학습법

　　중국어의 두 번째 특징은 문자가 한자라는 것입니다. 그런데 우리말의 60% 이상이 한자어이기 때문에, 한국인은 중국어를 전혀 배운 적이 없어도 이미 많은 중국어 어휘들을 알고 있습니다. 따라서 중국어를 배울 때 다른 나라 사람들은 아주 어려워할 단어를 우리는 성조의 느낌만 살려서 몇 번 읽게 되면 쉽게 그 말을 익힐 수 있게 됩니다. 이 책에서는 먼저 반복 읽기를 통해서 중국어 발음과 성조에 충분히 익숙해진 다음, 그 익숙해진 음이 어떤 문자(한자)인지를 알게 하는 '소리 학습법'을 채택하고 있습니다. '소리 학습법'으로 학습하면 특히 한국인은 아주 쉽게 중국어를 배울 수 있고 한자도 떠올리고 쓸 수 있게 됩니다.

특허 3 　패턴으로 익히면 어법 끝! 말하기 학습법

　　중국어는 '은/는/이/가/을/를'과 같은 조사가 없고, 동사 변화도 없다는 특징이 있습니다. 따라서 중국어는 그저 아는 단어를 알맞은 자리에 배치해 주면 바로 회화가 되기 때문에, '패턴'으로 학습하기에 최적의 언어입니다.

　이 책은 '패턴'을 통한 반복 읽기만으로 어법을 마스터하는 '말하기 학습법'을 채택하고 있습니다. 단어의 기본자리 배치를 패턴으로 구성하여 일상생활에서 가장 많이 쓰이는 회화 문장과 함께 익히게 함으로써 아는 단어를 갈아 끼우기만 하면 즉시 바른 어법으로 말할 수 있는 중국어 실력을 키울 수 있게 하였습니다.

　　부디 이 책으로 중국어를 배우시려는 모든 분들이 쉽고 재미있게 중국어 회화를 구사하실 수 있기를 바랍니다.

수강생들의 추천사

★★ 중국어만 28년 넘게 연구한 조혜숙 선생님이 이번에는 〈한글로 배우는 중국어〉 교재를 만들었다고 하니 정말이지 기대가 되고 반갑습니다. 저도 동생인 조혜숙 선생님께 중국어를 배웠는데요, 제가 처음 중국어를 배울 때는 '그래 성조 학습법'도 없었고, '말하기 학습법', '소리학습법', '한글중국어' 아무것도 없었지만 동생이 잘 가르친다고 생각했는데 여러분들은 훨씬 더 발전된 학습법으로 배우시니 좋으시겠어요. ㅎㅎㅎ

제 동생이라서 이렇게 말하는 것이 아니고 중국어는 정말이지 조혜숙 선생님만큼 재밌고 쉽게 가르치는 분은 아직 못 봤습니다. 학생들이 보다 쉽고 재미있게 중국어를 배울 수 있도록 끊임없이 노력하는 조혜숙 선생님 참 믿음직합니다. 중국어는 배우고 싶은데 엄두가 안 나서 시작도 못하고 있다면 지금 바로 〈한글로 배우는 중국어〉로 시작해보세요. 재미로 시작해서 나중엔 엄청난 실력가가 될 것이라고 확신합니다.

조혜련(방송인)

★★ 유쾌! 상쾌! 통쾌! 광고에서 들어본 단어이지 않은가~

그런데 여기에 그런 단어가 저절로 떠오르는 이가 있다. 조혜숙 선생님이 그런 분이다. 우연한 기회에 Edutv 방송에서 조혜숙 선생님을 만났다. 초보 중에 왕초보! 성조가 뭔지, 병음이 뭔지 하나도 모르고 한자는 더더욱 자신 없는데 한글만 알면 된다고 하니 나도 한 번 도전해볼까 하는 생각이 들었다.

먼저 그래송으로 성조를 익히고, 부담 없이 한글로 발음을 충분히 익히게 한 다음, 병음을 공부하고, 그런 다음 한자를 단계적으로 공부하니 이제는 한자도 제법 모양새를 갖춰 써진다. 이런 공부 과정이 어렵지 않고 재미있게 느껴지니 참 신기할 노릇이다. 설명을 쉽고 유머 있게 하시니 귀에 쏙쏙 들어오고 그 어렵던 한자가 재미있어 감탄이 절로 난다. 그만큼 탄탄하게 가르쳐 주신다. 나중에 알았지만 후배 코미디언 조혜련의 동생이시란다. 어쩐지~ 유모어가 남다르시더라니 ~~~ 최고의 선생님을 만난 나는 정말 행운이고 복이 많은 사람이다. 중국드라마를 볼 때 자막 없이 보는게 꿈이다. 그때까지 我要努力学习！(저 열심히 공부할 거예요!)

변아영(방송인)

★★ 〈한글로 배우는 중국어〉 복잡하고 어렵다고 생각하는 이 중국어를 또 얼마나 재밌고 쉽게 풀어내셨을까! 벌써부터 기대가 됩니다. 중국어를 배우고 싶다는 마음은 항상 있었지만 바쁘게만 살다 보니 이제 정말 더 늦으면 안 되겠지! 지금이다! 생각해서 중국어를 배우려 선생님을 찾던 중 유창하게 중국어를 하시는 방송인 조혜련 선배님께서 소개해 주셔서 인연이 된 혜숙샘! 혜숙샘과의 수업시간은 늘 즐겁고 좋은 에너지를 받습니다. 단순히 수업으로 그치지 않고 중국어를 사랑할 수 있게끔 만들어 주시는 대단한 능력! 한자가 너무 어렵고 복잡해 회화만 하려고 했던 제가 이제는 한 자 한 자 뜻을 알고 익히며 이해하는 방식으로 공부를 하다 보니, 다음번에 같은 부수가 나오면 어떤 뜻인지 유추가 가능하더라구요. 한자를 자세히 보면 뜻과 발음이 있고, 중국어를 이해하기가 훨씬 쉬워진다는 사실을 가르쳐 주신 혜숙 샘!

칭찬도 아낌없으시고, 잘 맞춰 주셔서 편안하게 중국어를 대할 수 있게 해주셔서 참 감사합니다. 한글로 배우는 중국어 출간 너무 축하 드리고, 혜숙샘 앞으로도 잘 부탁드려요! 덕분에 중국어가 너무 재미있습니다!♡

윤정인(별사랑,가수)

★★ 화장품 비즈니스를 하면서 세계에서 가장 큰 단일시장인 중국은 결코 제외시킬 수 없는 나라라고 생각했습니다. 어떻게 하면 지치지 않고, 그리고 좀 더 재미있게 중국어를 공부할 수 있을까? 이 질문의 해답이 조혜숙 선생님과의 수업이었습니다.

지인의 소개로 초급부터 차근차근 공부를 진행하면서, 머리속으로 '이런 문장은 중국어로 어떻게 표현할까?', '이런 표현은 어떻게 쓰면 좋을까?' 이제는 점점 자신이 붙는 자신을 발견하고 뿌듯함을 느끼게 되었습니다.

이번에 〈한글로 배우는 중국어〉 교재를 출간하신다고 하니, 중국어를 하나의 커다란 벽으로 생각하는 많은 분들에게 지름길로 인도하는 좋은 교재가 될 것이라는 생각이 듭니다.

감히, 전적으로 조혜숙 선생님을 믿고 꾸준히 공부한다면 나 자신도 평소에 부러워하던 사람처럼 중국어를 훨씬 편하게 구사하는 시기가 올 거라고 확신합니다.

김대욱(기업인)

★★ 중국 관련 업무로 인해 중국 출장의 기회가 많았지만 중국어를 배운다는 것은 엄두가 나지 않았습니다. 듣기만 해도 어려운 성조, 보기만 해도 머리 아픈 한자가 배우고 싶은 열망보다는 도망가고 싶은 마음만 키웠으니까요.

그러다 우연한 기회로 조혜숙 선생님을 만나게 되고 지금 수업을 받게 되었죠. 그런데 제가 성조에 맞춰 발음을 하고 병음을 읽고 한자를 읽을 수 있게 되었습니다. 너무 쉽고 재미있게 가르쳐 주시는 것은 물론, 더 중요한 것은 실제로 사용하는 문장을 패턴 중심으로 알려주시는 덕분에 활용성이 높다 보니 이해도 빠르고 습득도 잘 되더라고요. 저희 아이가 고등학교에서 제 2외국어로 중국어 선택을 했는데 제가 아이보다 훨씬 더 잘하게 되었어요.^^

이렇게 좋은 교육 방법을 〈한글로 배우는 중국어〉를 통해 더 많은 사람들에게도 전파가 될 수 있다니 너무 축하 드립니다. 저는 교재가 없어서 프린트로 공부하는데 여러분들은 좋으시겠어요!^^

하희란(직장인)

★★ 일단 저의 중국어에 대한 처음 느낌을 말하자면 너무 어렵다는 생각이 들었습니다. 하지만 엄마가 조혜숙 선생님을 강력하게 추천해 주며 배우라고 했을 때, 전세계 인구 중에서 중국인이 제일 많고 앞으로 전망이 있을 것 같아서 그냥 배워야겠다는 생각을 하고 시작하게 되었습니다. 선생님과 중국어를 처음 공부했을 때는 뭐가 뭔지 진짜 하나도 몰랐습니다. 하지만 선생님께서 끊임없이 친절하게 칭찬해 주셔서 자신감이 생겼고 그래서 집중할 수 있었고 그 결과 지금은 그 복잡했던 중국어가 조금씩 보이기 시작하더니 지금은 한자만 보고도 잘 읽을 수 있습니다. 제가 이렇게 지속할 수 있었던 가장 큰 원인은 무엇보다도 선생님이 재미있게 수업을 해 주셔서 그런 것 같습니다. 당신이 이 책을 보고 있을 땐 제가 중국어를 다 마스터를 했을지도 모르겠습니다! 하하하!

정영우(방배초6)

★★ 중국 거래처와의 비지니스를 10년째 하면서도 너무 어려울 거라는 생각에 시작도 못하고 있었는데 중국어를 수준급으로 구사하는 절친으로부터 추천을 받아 조혜숙 선생님과 수업을 한 지 벌써 1년 넘었습니다. 이렇게 1년을 넘게 중단하지 않고 계속 중국어 공부를 이어올 수 있었던 것은, 먼저 조혜숙 선생님의 재미있고 활기찬 에너지와 새롭고 쉬운 강의 방법 덕분이라고 생각됩니다. 기초중국어 두 권을 배우고 지금은 〈자전거방 이야기〉라는 책으로 공부하고 있는데, 소리를 먼저 듣고 아는 단어로 상황을 이해하고 추측하게 하는 새로운 학습방법으로, 내용을 집중할 수 있게 하고 빨리 외워지며 재미가 있습니다.

이번에 선생님께서 〈한글로 배우는 중국어〉 교재를 출판하신다고 하니 축하 드리고 많은 기대가 됩니다. 재미와 학습 효과가 아주 뛰어난 책임에 틀림없을 겁니다. 재미있고 쉽게 그리고 꾸준히 중국어를 공부하고 싶다면 저는 조혜숙 선생님의 이 책을 강력히 추천해드립니다.

권기현(기업인)

★★ 제가 독학으로 중국어를 배워보려고 했는데 어떻게 해야 할지 몰라 어려웠는데 아빠 소개로 조혜숙 선생님과 1:1 화상수업을 하게 되었습니다. 일주일에 한 번은 조혜숙 선생님과 수업을 하고 한 번은 원어민 선생님과 회화 수업을 하는데, 조혜숙 선생님과 공부하면 중국어가 너무 빨리 이해가 되고 쉽고 재미있고 또 원어민선생님이 제 말을 알아듣고 발음이 좋다고 칭찬해 주시니 너무 신납니다. 다른 친구들한테 소개해주고 싶을 정도로 정말 신나고 재미있어요!

앞으로 중국어 잘해서 중국에 꼭 놀러갈 거예요. 조혜숙 선생님과 함께 중국어 공부해서 너무 행복합니다.

배시온(공연초6)

이 책의 학습법

이 책은 한글만 알면 누구나 쉽고 재미있게 중국어를 공부하는 **신기한 중국어 책입니다!**

중국어를 먼저 한글로 배워서 너무 쉬워요!
성조, 병음, 문법, 한자(한배중 1+2+3=1,000개) **마스터!**

이 책을 가장 효과적으로 사용하는 방법은 동영상과 함께 학습하는 것입니다!
* 동영상은 chailink.net에서 보실 수 있습니다

사범 조혜숙 쌤만의 특허 받은 4단계 말하기 학습법으로 중국어를 쉽고 재미있게 배워요!

| **1단계** | 어려운 성조, 발음을 한글로 여러 번 읽어 입에 붙여요. |

| **2단계** | 한글로 조금 친숙해진 패턴 표현을 병음을 익히면서 여러 번 읽어 입에 익혀요. |

| **3단계** | 익숙해진 패턴 표현을 한자를 보고 읽고 낯선 한자는 조혜숙 사범을 따라 두 번 써요. |

| **4단계** | 배운 단어와 5문장을 신나는 박자에 맞춰 복습해요! |

✱ 말할 때마다 조혜숙 사범을 따라 손동작으로 성조를 표시해요. 성조를 외우지 않아도 저절로 알게 되거든요. 운동도 돼서 다이어트 효과가 있습니다!

그래송 ♪♪

먼저 그래송으로 성조를 즐겁게 연습하고,
같은 내용을 3단계로 나눠서 공부하니 쉽게 느껴지겠죠?

한글중국어	→	병음중국어	→	한자중국어
한글로 반복해서 읽고		병음(알파벳)으로도 소리를 친숙하게 익혀요.		눈에 익히고 반복해서 한자로 써요.

■ 한글중국어

한글로 중국어 발음을 쉽게 표기해요! 중국어 문자는 뜻을 표기하는 표의문자인 한자입니다. 그래서 중국어는 발음을 알파벳에 성조를 같이 넣어서 표기하는데 이를 한어병음이라고 합니다.

그런데 한어병음 읽기와 영어 읽기가 30% 정도 다르기도 하고, 만약 한글로 중국어를 표현할 수 있다면 우리나라 사람들은 참 쉽게 중국어를 배울 수 있을 것입니다. 그래서 한글중국어를 생각하게 되었습니다. 한글을 아는 사람이라면 누구나 어느 연령을 막론하고 모두 다 쉽게 학습할 수 있습니다.

그런데 중국어 발음에는 한글로 표현이 잘 안되고 구분해서 표기해야 할 발음 9개가 있는데, 아래와 같이 표기하기로 약속하고 주의해서 읽는다면 한글로도 중국어를 모두 표현할 수 있습니다.

	한글로 표현이 안 되고 구분해야 할 중국어 발음 한글 표기			
권설음	zhi	chi	shi	ri
혀를 동그랗게 한 모양을 본 따서 ㅇ을 ㅈ,ㅊ,ㅅ 앞에 넣어 표기 권설음 ri 는 'ㄹ' 소리가 강하니까 'ㄹ'을 두 번 써서	ㅇㅉ	ㅇㅊ	ㅇㅅ	ㄹㄹ
설치음	zi	ci	si	
권설음 ㅇㅉ, ㅇㅊ, ㅇㅅ, ㄹㄹ로 구분했으니까 설치음은 그대로 ㅉ, ㅊ, ㅆ	ㅉ	ㅊ	ㅆ	
'ㅍ'으로만 표현되는 발음		p		f
영어에서 p와 f를 구분해서 발음하는 것과 마찬가지로 발음하세요		ㅍ		ㅇㅍ 입 모양이 동그랗게 되니까 'ㅍ' 앞에 'ㅇ'을 넣어 표기

* 권설음은 영어의 r을 발음하듯 혀끝을 입천장에 댔다가 공기를 내보내면서 'zhi ㅇㅉ, chi ㅇㅊ, shi ㅇㅅ, ri ㄹㄹ' 소리를 냅니다.
* 설치음을 발음할 때 혀의 위치는 안타까운 상황을 보고 '쯧쯧쯧' 혀를 찰 때의 위치로 'zi ㅉ, ci ㅊ, si ㅆ'하고 발음합니다.

■ 병음중국어

한글로 익숙해진 중국어 발음을 한어병음으로도 표기해요!

● 한글로도 중국어 발음을 표기할 수 있는데 굳이 알파벳을 사용한 한어병음을 알아야 하나요?

Nǐ hǎo!
안녕하세요!

우리가 한글을 배우듯이 중국 사람들도 어렸을 때 한자의 발음 기호인 병음(알파벳에 성조를 더함)을 배워요. 또 컴퓨터나 핸드폰에서 한자를 칠 때 주로 사용하는 것이 한어병음이기 때문에 반드시 알아야합니다.

● 병음읽기와 영어 파닉스 읽기는 완전히 다른가요?

70%는 같고 30%는 달라요. 예를 들어, 'e'를 '으어'라고 발음하고, 권설음인 zhi, chi, shi, ri를 한글중국어로 표현이 안 되서 쯔, 츠, 스, 르라고 표기한 것과 같이 영어와는 달라서 따로 학습을 해야 하지만, 이 책에서는 한글 중국어를 먼저 배우고 병음 중국어를 공부하기 때문에 별도로 학습하지 않아도 저절로 알게 됩니다.

■ 한자중국어

한어병음으로 익숙해진 중국어를 한자로 써보아요!

你好!
안녕하세요

● 우리나라말처럼 발음만 쓸 줄 알고 말만 잘하면 되지 그 어려운 한자를 꼭 쓸 줄 알아야하나요?

중국어는 우리나라말과는 다르게 문자가 한자예요. 어떻게 발음하는지를 한글이나 병음으로 쓸 줄 아는데 한자를 쓸 줄 모르는 것은 우리가 말은 할 줄 아는데 한글을 못 쓰는 것과 같아요. 그러니 처음에는 익숙하지 않아 복잡하고 어렵게 느껴지겠지만 그림 그린다고 생각하고 재미있게 한 글자 한 글자 쓰다 보면 어느새 한자와 친해지게 될 거예요. 그리고 우리나라 말에 원래 한자인 경우가 60%이상이기 때문에 한자를 공부하면 한국어 어휘도 풍부해진답니다.

- 목 차 -

머리말	4
수강생들의 추천사	6
이 책의 학습법	10

Chapter 1 결과보어 패턴

01	돈 저 다 썼어요.	동사+完 | 다 ~하다	18
02	펜 저 다 안 썼어요.	다 ~하지 않았다 | 没+동사+完	20
03	밥 다 했어요.	다 ~하다 | 동사+好	22
04	저 준비 다 안 했어요.	다 ~하지 않았다 | 没+동사+好	24
05	당신 이해했어요?	(~해서) 이해하다 | 동사+懂	26
06	아내가 맞게 말했다.	~한 것이 맞다 | 동사+对	28
07	여보, 내가 잘못 말했어요.	~한 것이 틀리다 | 동사+错	30
08	당신 어디까지 갔어요?	장소까지 ~하다 | 동사+到+장소	32
09	당신 오늘 몇 시까지 일해요?	시간까지 ~하다 | 동사+到+시간	34
10	지갑 저 찾았어요.	목적 달성의 느낌 | 동사+到	36
11	나는 개(가 짓는) 소리를 들었다.	(확실히) ~했다 | 동사+见	38
12	당신 어디에 사세요?	~에 ~하다 | 동사+在+장소	40
13	너 가방을 방 안에 놓아라!	~을 ~에 ~하다 | 把+명사+동사+在+장소	42
14	그는 장미를 나에게 보냈다.	~을 ~에게 동사하다 | 把+명사+동사+给+누구	44
15	그는 선물을 나에게 보내지 않았다.	~을 ~에게 동사하지 않았다 | 没+把+명사+동사+给+누구	46
16	눈을 감으세요.	~에 밀착한 느낌 | 동사+上	48
17	앉으세요.	~에 남아있는 느낌 | 동사+下	50

Chapter 2 방향보어 패턴

18	너 이리와!	~ 해서 오다 | 동사+来	54
19	이리 오지마, 내가 갈게.	~ 해서 가다 | 동사+去	56

20	너 빨리 뛰어올라와!	~해서 올라오다 | 동사+上来/上去/下来/下去	58
21	너 걸어 들어와!	~해서 들어오다 | 동사+进来/进去/出来/出去	60
22	너 사서 돌아와!	~해서 돌아오다/돌아가다 | 동사+回来/回去	62
23	꼬마야, (걸어서) 이리와!	~해서 오다 | 동사+过来/过去/起来	64

Chapter 3 정도보어 패턴

24	저 빨리 걸어요.	~하는 것이 ~하다 | 동사+得+형용사	68
25	저 잘 못 했어요	~하는 것이 ~하지 않다 | 동사+得不+형용사	70
26	그녀는 음식을 맛있게 잘 만든다.	~를 ~하는 것이 ~하다 | (동사)+목적어+동사+得+형용사	72
27	나는 밥을 잘 못 한다.	~를 ~하는 것이 ~하지 않다 | (동사)+목적어+동사+得+不+형용사	74

Chapter 4 가능보어 패턴

28	저 다 먹을 수 있어요.	~할 수 있다 | 동사+得+결과보어	78
29	저 혼자 다 못 먹어요.	~할 수 없다 | 동사+不+결과보어	80
30	저 모레 돌아올 수 있어요.	~할 수 있다 | 동사+得+방향보어	82
31	저 5시에 못 돌아와요.	~할 수 없다 | 동사+不+방향보어	84
32	저 혼자 먹을 수 있어요.	~할 수 있다 | 동사+得+了	86
33	저 그를 못 잊겠어요.	~할 수 없다 | 동사+不+了	88

Chapter 5 동량보어 패턴

34	당신 좀 기다리세요.	좀 ~하다 | 동사+一下	92
35	나는 다시 한 번 복습을 했다.	몇 번 ~하다 | 동사+遍	94
36	저 홍콩 한 번 가봤어요.	몇 번 ~하다 | 동사+次	96
37	나는 매주 집에 한 번 갔다 옵니다.	몇 번 갔다 오다 | 동사+趟	98

Chapter 6 시량보어 패턴

38	초등학교는 6년 동안 다닌다.	~ 년 동안 ~하다 | 동사+ㅇ年	102
39	나는 한 달째 쉬고 있다.	~ 개월 동안 ~하다 | 동사+ㅇ个月	104
40	그녀는 1주일 동안 아팠다.	~ 주 동안 ~하다 | 동사+ㅇ个星期	106
41	나는 일주일에 5일 동안 일한다.	~ 일 동안 ~하다 | 동사+ㅇ天	108

| 42 | 나는 하루에 1시간 기도한다. | ~ 시간 동안 ~하다 | 동사+○个小时 | 110 |
| 43 | 나는 인터넷을 50분 동안 했다. | ~ 분 동안 ~하다 | 동사+○分钟 | 112 |

Chapter 7 연동문 패턴

44	너 그에게 물어보러 가!	(~에) ~하러 가다	去+목적어+동사	116
45	나는 지하철을 타고 출근한다.	~를 타고 ~하다	坐+교통수단+동사	118
46	나는 평소에 자전거 타고 학교에 간다.	~를 타고/~로 ~하다	骑/用+교통수단/도구+동사	120
47	나 퇴근하자마자 바로 너 찾으러 갈게.	~하자마자 (바로) ~하다	동1+了+(就)+동2	122
48	너 일 다 처리하고 바로 회사로 돌아가!	다 ~하고 (바로) ~하다	동1+完+(就)+동2	124
49	나는 보자마자 바로 이해했다.	~하자(마자) (바로) ~하다	一+동1+就+동2	126

Chapter 8 복문 패턴

50	먼저 이를 닦고 그 다음 세수를 해.	먼저 A하고 그 다음 B하다	先A，再B	130
51	연휴여서 차가 막힌다.	A때문에 그래서 B하다	因为A，所以B	132
52	일이 있으면 출근하지 마세요.	(만약) A라면 B이다	如果A,（就）B	134
53	날씨가 맑으면 소풍을 갈 것이다.	(만약) A라면 B이다	要是A,（就）B	136
54	희망이 있으면 포기할 수 없다.	A하기만 하면 B하다	只要A,（就）B	138
55	단결해야만 비로소 이길 수 있다.	A해야지만 비로소 B하다	只有A，才B	140
56	어디를 가든 다 나에게 알려줘.	A에 상관없이 모두 B하다	不管A，都B	142
57	비록 잘 생기지는 않았지만 인간성이 좋다.	비록 A지만 그러나 B하다	虽然A，但是B	144
58	그는 똑똑하고 용감하다.	A이기도 하고, B이기도 하다	既A，又B	146
59	나는 목마르고 배고프다.	A이기도 하고, B이기도 하다	又A，又B	148
60	청소하면서 노래를 부른다.	A하면서 B하다	一边A，一边B	150

부록 衣의食식住주 필수단어 모음   153

Chapter 1

결과보어 패턴

01 돈 저 다 썼어요.
钱我花完了。

동사+完 | 다 ~하다

한글중국어	병음중국어
치앤 워 후아 완 러.	Qián wǒ huā wán le.
차이 워 츠 완 러.	Cài wǒ chī wán le.
슈이 워 흐어 완 러.	Shuǐ wǒ hē wán le.
차이리아오 워 마이 완 러.	Cáiliào wǒ mǎi wán le.
쓰핀 워 칸 완 러.	Shìpín wǒ kàn wán le.

단어
钱 qián 돈 / 花 huā (시간, 돈을) 쓰다 / 菜 cài 요리, 음식 / 吃 chī 먹다 / 水 shuǐ 물

결과보어 '完 wán'은 '동사+完'의 패턴을 써서, '다 동사하다'의 뜻이 됩니다.
동작이 완료되었기 때문에 '完' 뒤에는 완료를 나타내는 '了 le'가 자주 옵니다.

한 자 중 국 어	중 국 어 로 말 하 기
钱我花完了。	돈 저 다 썼어요.
菜我吃完了。	요리 저 다 먹었어요.
水我喝完了。	물 저 다 마셨어요.
材料我买完了。	재료 저 다 샀어요.
视频我看完了。	동영상 저 다 봤어요.

단어
喝 hē 마시다 / 材料 cáiliào 재료 / 买 mǎi 사다 / 视频 shìpín 동영상 / 看 kàn 보다

02 펜 저 다 안 썼어요.
笔我没用完。

没+동사+完 | 다 ~하지 않았다

| 한 글 중 국 어 | 병 음 중 국 어 |

비 워 메이 융 완.

Bǐ wǒ méi yòng wán.

쭈오얘 워 메이 쭈오 완.

Zuòyè wǒ méi zuò wán.

우판 워 메이 츠 완.

Wǔfàn wǒ méi chī wán.

끄어 워 메이 팅 완.

Gē wǒ méi tīng wán.

띠앤쓰쮜 워 메이 칸 완.

Diànshìjù wǒ méi kàn wán.

단어

笔 bǐ 펜 / 用 yòng 쓰다 / 作业 zuòyè 숙제 / 做 zuò 하다 / 午饭 wǔfàn 점심

결과보어 '完 wán' 앞에 没(有)를 붙여 '没(有)+동사+完'라고 하면 부정문으로 '다 동사하지 않았다'라는 뜻이 되고 '了'는 없애주세요.

한자중국어	중국어로 말하기
笔我没用完。	펜 저 다 안 썼어요.
作业我没做完。	숙제 저 다 안 했어요.
午饭我没吃完。	점심 저 다 안 먹었어요.
歌我没听完。	노래 저 다 안 들었어요.
电视剧我没看完。	연속극 저 다 안 봤어요.

단어
歌 gē 노래 / 听 tīng 듣다 / 电视剧 diànshìjù 드라마

03

밥 다 했어요.
饭做好了。

동사+好 | 다 ~하다

한글중국어	병음중국어
판 쭈오 하오 러.	Fàn zuò hǎo le.
워 쭌빼이 하오 러.	Wǒ zhǔnbèi hǎo le.
똥시 셔우쓰 하오 러.	Dōngxi shōushi hǎo le.
띠앤나오 시우 하오 러.	Diànnǎo xiū hǎo le.
르쳥 안파이 하오 러.	Rìchéng ānpái hǎo le.

단어
准备 zhǔnbèi 준비하다 / 东西 dōngxi 물건 / 收拾 shōushi 정리하다 / 电脑 diànnǎo 컴퓨터

결과보어 '好'는 '동사+好'의 형식을 써서 결과보어 '完'과 똑 같이 '다 동사하다'라는 뜻으로 해석하는데 '完'과 구분이 있다면 '다 동사하다'라는 의미 외에 '잘 동사하기도 하면서'라는 뉘앙스가 포함되어 있습니다.

한자중국어	중국어로 말하기
饭做好了。	밥 다 했어요.
我准备好了。	준비 다 했어요.
东西收拾好了。	물건 정리 다 했어요.
电脑修好了。	컴퓨터 수리 다 했어요.
日程安排好了。	일정 다 짰어요.

단어
修 xiū 수리하다 / 日程 rìchéng 일정 / 安排 ānpái 안배하다, 배치하다

04

저 준비 다 안 했어요.
我没准备好。

没+동사+好 | 다 ~하지 않았다

| 한글 중국어 | 병음 중국어 |

워 메이 쭌뻬이 하오. Wǒ méi zhǔnbèi hǎo.

싱리 메이 셔우쓰 하오. Xíngli méi shōushi hǎo.

비찌번 메이 시우 하오. Bǐjiběn méi xiū hǎo.

꿍쭈오 메이 안파이 하오. Gōngzuò méi ānpái hǎo.

팡찌앤 메이 다싸오 하오. Fángjiān méi dǎsǎo hǎo.

단어
行李 xíngli 짐 / 笔记本 bǐjiběn 노트북 / 工作 gōngzuò 일, 일자리, 일하다

결과보어 '好' 앞에 '没(有)'를 붙여 '没(有)+동사+好'라고 하면 부정문으로 '다 동사하지 않았다'라는 뜻이 되고 뒤에 있는 '了'는 없애 주세요!

한자중국어	중국어로 말하기
我没准备好。	저 준비 다 안 했어요.
行李没收拾好。	짐 정리 다 안 했어요.
笔记本没修好。	노트북 수리 다 안 했어요.
工作没安排好。	일 배치 다 안 했어요.
房间没打扫好。	방 청소 다 안 했어요.

단어
房间 fángjiān 방 / 打扫 dǎsǎo 청소하다

05 당신 이해했어요?
你听懂了吗?

동사+懂 | (~해서) 이해하다

한글중국어	병음중국어
니 팅 동 러 마?	Nǐ tīng dǒng le ma?
라오반 더 후아 워 팅 동 러.	Lǎobǎn de huà wǒ tīng dǒng le.
쪄 거 쳥위 워 메이 팅 동.	Zhè ge chéngyǔ wǒ méi tīng dǒng.
니 더 이쓰 워 칸 동 러.	Nǐ de yìsi wǒ kàn dǒng le.
쪄 거 빠오까오 워 메이 칸 동.	Zhè ge bàogào wǒ méi kàn dǒng.

단어

老板 lǎobǎn 사장 / 话 huà 말 / 这个 zhè ge 이 것 / 成语 chéngyǔ 고사성어

결과보어 '懂'은 '동사+懂'의 패턴을 써서 '(동사해서) 이해하다'라는 뜻으로 해석되는데, 주로 듣고 봐서 이해하는 것이어서 동사 자리에 '听'과 '看'이 옵니다. 부정문은 동사 앞에 '没(有)'를 붙여 '没(有)+동사+懂'이라고 하면 '이해하지 못했다'라는 뜻이 되고 뒤에 '了'는 빼야 하는 거 아시죠?^^

한자중국어	중국어로 말하기
你听懂了吗?	당신 이해했어요?
老板的话我听懂了。	사장님 말씀 저 알아들었어요.
这个成语我没听懂。	이 고사성어 저 못 알아들었어요.
你的意思我看懂了。	당신 뜻 저 이해했어요.
这个报告我没看懂。	이 보고서 저 이해 못 했어요.

단어
意思 yìsi 뜻 / 报告 bàogào 보고서, 리포트

06 아내가 맞게 말했다.
妻子说对了。

동사+对 | ~한 것이 맞다

| 한글중국어 | 병음중국어 |

치즈 쓔오 **뚜이** 러.

Qīzi shuō **duì** le.

짱푸 마이 **뚜이** 러.

Zhàngfu mǎi **duì** le.

라오쓰, 워 시에 **뚜이** 러 마?

Lǎoshī, wǒ xiě **duì** le ma?

꿍시 니, 니 다 **뚜이** 러.

Gōngxǐ nǐ, nǐ dá **duì** le.

뚜이 부 치, 니 메이 쭈오 **뚜이**.

Duì bu qǐ, nǐ méi zuò **duì**.

단어
妻子 qīzi 아내 / 说 shuō 말하다 / 丈夫 zhàngfu 남편 / 老师 lǎoshī 선생님 / 写 xiě 쓰다

'对'는 '맞다'라는 뜻이고 결과보어로 '동사+对'의 패턴을 써서 '동사한 것이 맞다'라는 뜻으로 씁니다. 동사 앞에 '没(有)'를 붙여 '没(有)+동사+对'라고 하면 부정문으로 '동사한 것이 맞지 않았다'라는 뜻입니다.

한자중국어	중국어로 말하기
妻子说对了。	아내가 맞게 말했다.
丈夫买对了。	남편이 맞게 샀다.
老师，我写对了吗?	선생님 제가 맞게 썼나요?
恭喜你，你答对了。	축하해요. 맞게 답했어요.
对不起，你没做对。	죄송한데, 맞지 않았어요.

단어
恭喜 gōngxǐ 축하하다 / 答 dá 답하다 / 对不起 duì bu qǐ 죄송하다

07

여보, 내가 잘못 말했어요.
老婆, 我说错了。

동사+错 | ～한 것이 틀리다

한글중국어	병음중국어
라오포, 워 슈오 추오 러.	Lǎopó, wǒ shuō cuò le.
라오꿍, 니 메이 팅 추오.	Lǎogōng, nǐ méi tīng cuò.
찡리, 워 쭈오 추오 러 마?	Jīnglǐ, wǒ zuò cuò le ma?
뚜이 부 치, 워 다 추오 러.	Duìbuqǐ, wǒ dǎ cuò le.
뿌 하오 이쓰, 워 나 추오 러.	Bùhǎoyìsi, wǒ ná cuò le.

단어
老婆 lǎopó 아내, 여보 / 老公 lǎogōng 남편, 여보 / 经理 jīnglǐ 부장, 팀장

'错'는 '틀리다'라는 뜻이고 결과보어로 '동사+错'의 패턴을 써서 '동사한 것이 틀리다'라는 뜻입니다. 동사 앞에 '没(有)'를 붙여 '没(有)+동사+错'라고 하면 부정문으로 '동사한 것이 틀리지 않았다'라는 뜻이 됩니다.

한 자 중 국 어	중국어로 말하기
老婆，我说错了。	여보, 내가 잘못 말했어요.
老公，你没听错。	당신, 잘못 듣지 않았어요.
经理，我做错了吗?	부장님, 제가 틀리게 했어요?
对不起，我打错了。	죄송해요, (전화) 잘못 걸었어요.
不好意思，我拿错了。	죄송해요, 제가 잘못 가져왔어요.

단어
打 dǎ 치다, (전화)하다 / 不好意思 bùhǎoyìsi 죄송하다 / 拿 ná 들다, 가지다

08 당신 어디까지 갔어요?
你走到哪儿了?
동사+到+장소 | 장소까지 ~하다

한글중국어	병음중국어
니 저우 따오 날 러?	Nǐ zǒu dào nǎr le?
워 저우 따오 먼커우 러.	Wǒ zǒu dào ménkǒu le.
워먼 찌우 쉬에 따오 쩔.	Wǒmen jiù xué dào zhèr.
워먼 꿍쭈오 따오 쩔 바!	Wǒmen gōngzuò dào zhèr ba!
셩찡 워 두 따오 찌우위에 러.	Shèngjīng wǒ dú dào Jiùyuē le.

단어
走 zǒu 걷다 / 哪儿 nǎr 어디 / 门口 ménkǒu 문 앞, 입구 / 这儿 zhèr 여기

결과보어 '到'는 '동사+到+장소' 패턴을 써서 '장소까지 동사하다'라는 뜻입니다. 동작이 완료되었으면 '了'를 붙여주세요.

한자중국어	중국어로 말하기
你走到哪儿了?	당신 어디까지 갔어요?
我走到门口了。	저 문 앞까지 왔어요.
我们就学到这儿。	우리 여기까지 배울게요.
我们工作到这儿吧!	우리 여기까지 일합시다!
圣经我读到旧约了。	성경 저 구약까지 읽었어요.

단어
圣经 Shèngjīng 성경 / 读 dú 읽다 / 旧约 Jiùyuē 구약

09 당신 오늘 몇 시까지 일해요?
你今天工作到几点? 동사+到+시간 | 시간까지 ~하다

한글중국어	병음중국어
니 찐티앤 꿍쭈오 **따오** 지 디앤?	Nǐ jīntiān gōngzuò **dào** jǐ diǎn?
워 주오티앤 꿍쭈오 **따오** 리앙 디앤.	Wǒ zuótiān gōngzuò **dào** liǎng diǎn.
워 치앤티앤 쉬에시 **따오** 헌 완.	Wǒ qiántiān xuéxí **dào** hěn wǎn.
워 야오 왈 **따오** 예리 이 디앤.	Wǒ yào wánr **dào** yèlǐ yī diǎn.
워 시앙 슈이 **따오** 샹우 쓰 디앤.	Wǒ xiǎng shuì **dào** shàngwǔ shí diǎn.

단어
今天 jīntiān 오늘 / 点 diǎn 시 / 昨天 zuótiān 어제 / 前天 qiántiān 그제 / 学习 xuéxí 학습, 공부하다

결과보어 '到'는 '동사+到+시간' 패턴을 써서 '시간까지 동사하다'라는 뜻입니다. '언제까지 동사했다'로 과거로 해석되더라도 '了'를 붙이지 않는다는 것에 특별히 주의하세요!

한자중국어 | 중국어로 말하기

你今天工作到几点? 　　당신 오늘 몇 시까지 일해요?

我昨天工作到两点。 　　저 어제 2시까지 일했어요.

我前天学习到很晚。 　　저 그제 늦게까지 공부했어요.

我要玩儿到夜里1点。 　　저 새벽 1시까지 놀려고 해요.

我想睡到上午10点。 　　저 오전 10시까지 자고 싶어요.

단어
晚 wǎn 늦다 / 玩 wán 놀다 / 夜里 yèlǐ 새벽 / 睡 shuì 자다 / 上午 shàngwǔ 오전

10 지갑 저 찾았어요.
钱包我找到了。

동사+到 | 목적 달성의 느낌

| 한글중국어 | 병음중국어 |

치앤빠오 워 쟈오 따오 러.
Qiánbāo wǒ zhǎo dào le.

원찌앤 워 메이 쟈오 따오.
Wénjiàn wǒ méi zhǎo dào.

찌앤 따오 니 헌 까오씽.
Jiàn dào nǐ hěn gāoxìng.

워 칸 따오 리우씽 러.
Wǒ kàn dào liúxīng le.

워 메이 팅 따오 끄어셩.
Wǒ méi tīng dào gēshēng.

단어
钱包 qiánbāo 지갑 / 找 zhǎo 찾다 / 文件 wénjiàn 서류, 파일 / 见 jiàn 만나다

'동사+到'의 패턴으로 '到 dào'의 또 다른 결과보어 용법은 '동사의 목적을 달성하거나 도달한 느낌'을 줍니다. 동작이 완료된 경우 '到' 뒤에 '了'를 쓰고, 부정형은 '没(有)+동사+到'의 형태로 씁니다.

한자중국어	중국어로 말하기
钱包我找到了。	지갑 저 찾았어요.
文件我没找到。	서류 저 못 찾았어요.
见到你很高兴。	당신을 만나서 반가워요.
我看到流星了。	나는 별똥별을 봤어요.
我没听到歌声。	나는 노랫소리를 못 들었다.

단어
高兴 gāoxìng 기쁘다 / 流星 liúxīng 별똥별 / 歌声 gēshēng 노랫소리

11

나는 개(가 짖는) 소리를 들었다.
我听见狗的声音了.

동사+见 | (확실히)~했다

한글중국어	병음중국어
워 팅 찌앤 거우 더 셩인 러.	Wǒ tīng jiàn gǒu de shēngyīn le.
워 메이 칸 찌앤 샤오쉬에 통쉬에.	Wǒ méi kàn jiàn xiǎoxué tóngxué.
워 메이 원 찌앤 시앙슈이월.	Wǒ méi wén jiàn xiāngshuǐ wèir.
워 위 찌앤 츄쫑 통쉬에 러.	Wǒ yù jiàn chūzhōng tóngxué le.
워 펑 찌앤 까오쫑 통쉬에 러.	Wǒ pèng jiàn gāozhōng tóngxué le.

단어

狗 gǒu 개 / 声音 shēngyīn 소리, 목소리 / 小学 xiǎoxué 초등학교 / 同学 tóngxué 동창
闻 wén 냄새를 맡다

결과보어 '见 jiàn'은 '동사+见'의 형태로 써서 문장에 '동사의 감각이 분명해지는 느낌'을 부여합니다. 부정형은 '没(有)+동사+见'입니다.

한자중국어 / 중국어로 말하기

한자중국어	중국어로 말하기
我听见狗的声音了。	나는 개(가 짓는) 소리를 들었다.
我没看见小学同学。	나는 초등학교 동창을 못 봤다.
我没闻见香水味儿。	나는 향수 냄새를 못 맡았다.
我遇见初中同学了。	나는 중학교 동창을 (우연히) 만났다.
我碰见高中同学了。	나는 고등학교 동창을 (우연히) 만났다.

단어
香水 xiāngshuǐ 향수 / 味儿 wèir 냄새, 맛 / 遇 yù (우연히) 만나다 / 碰 pèng (우연히) 만나다
初中 chūzhōng 중학교 / 高中 gāozhōng 고등학교

12

당신 어디 사세요?
你住在哪儿?

동사+在+장소 | ~에 ~하다

한글중국어	병음중국어
니 쭈 짜이 날?	Nǐ zhù zài nǎr?
워 시앤짜이 쭈 짜이 셔우얼.	Wǒ xiànzài zhù zài Shǒu'ěr.
워 팡 짜이 쭈오즈 샹 러.	Wǒ fàng zài zhuōzi shàng le.
니 쭈오 짜이 열 덩 워 바!	Nǐ zuò zài zhèr děng wǒ ba!
니 탕 짜이 쭈앙 샹 시우시 바!	Nǐ tǎng zài chuáng shàng xiūxi ba!

단어
住 zhù 살다 / 现在 xiànzài 현재, 지금 / 首尔 Shǒu'ěr 서울 / 放 fàng 놓다, 두다 / 桌子 zhuōzi 탁자

'在 zài'가 보어로 쓰이면 '동사+在+장소'의 형태로 써서 '장소에 동사하다'의 뜻이 됩니다. 결과보어 '在'와 함께 자주 쓰는 동사가 있는데요, 예문을 통해 살펴보겠습니다.

한자중국어	중국어로 말하기
你住在哪儿?	당신 어디에 사세요?
我现在住在首尔。	저 지금 서울에 살아요.
我放在桌子上了。	나는 책상 위에 놨어요.
你坐在这儿等我吧!	너 여기에 앉아서 나 기다려!
你躺在床上休息吧!	당신 침대에 누워서 쉬세요!

단어
坐 zuò 앉다 / 等 děng 기다리다 / 躺 tǎng 눕다 / 床 chuáng 침대 / 休息 xiūxi 쉬다, 휴식하다

13

너 가방을 방 안에 놓아라!
你把包放在房间里吧!

把+명사+동사+在+장소
~을 ~에 ~하다

한글 중국어	병음 중국어

ˇ ˇ ˉ ˋ ˋ ˊ ˉ ˇ
니 바 빠오 팡 짜이 팡찌앤 리 바!

Nǐ bǎ bāo fàng zài fángjiān lǐ ba!

ˇ ˇ ˊ ・ ˇ ˋ
니 바 밍즈 시에 짜이 쪌 바!

Nǐ bǎ míngzi xiě zài zhèr ba!

ˇ ˇ ˉ ˊ ˋ ˊ ˉ ˇ
워 바 쯔어 팅 짜이 팅쯔어챵 러.

Wǒ bǎ chē tíng zài tíngchēchǎng le.

ˇ ˇ ˉ ˊ ˋ ˊ ˇ
워 바 쯔어 팅 짜이 먼커우 러.

Wǒ bǎ chē tíng zài ménkǒu le.

ˇ ˇ ˋ ˋ ˋ ˉ ˇ
워 바 야오쓰 팡 짜이 빠오 리 러.

Wǒ bǎ yàoshi fàng zài bāo lǐ le.

단어

包 bāo 가방 / 名字 míngzì 이름 / 车 chē 차 / 停 tíng 멈추다, 세우다

'무엇을 어디에 동사하다'라는 말을 할 때 목적어를 강조하는 전치사 '把 bǎ'와 결과보어 '在 zài'를 써서 '把+명사+동사+在+장소' 형태로 표현합니다.

한자중국어	중국어로 말하기
你把包放在房间里吧！	너 가방을 방 안에 놓아라!
你把名字写在这儿吧！	너 이름을 여기에 써!
我把车停在停车场了。	나는 차를 주차장에 세웠다.
我把车停在门口了。	나는 차를 문입구에 세웠다.
我把钥匙放在包里了。	나는 열쇠를 가방 안에 놓았다.

단어
停车场 tíngchēchǎng 주차장 / 钥匙 yàoshi 열쇠, 키

Chapter 1 | 결과보어 패턴 **43**

14

그는 장미를 나에게 보냈다.
他把玫瑰送给我了。
把+명사+동사+给+누구
~을 ~에게 동사하다

한글중국어	병음중국어
타 바 메이꾸이 쏭 게이 워 러.	Tā bǎ méiguī sòng gěi wǒ le.
타 바 두안신 빠 게이 워 러.	Tā bǎ duǎnxìn fā gěi wǒ le.
타 바 요우찌앤 빠 게이 워 러.	Tā bǎ yóujiàn fā gěi wǒ le.
타 바 치앤 후이 게이 워 러.	Tā bǎ qián huì gěi wǒ le.
타 바 빠오구오 찌 게이 워 러.	Tā bǎ bāoguǒ jì gěi wǒ le.

단어
玫瑰 méiguī 장미 / 送 sòng 선물하다, 보내다 / 短信 duǎnxìn 문자, 메시지
发 fā 보내다, 발송하다

'给 gěi'가 보어로 쓰이면 '동사+给'의 형태로 써서 '~에게 동사하다'는 뜻입니다. 보어 '给'는 종종 '把자문'을 써서 목적어를 강조하는데요, 이럴 때는 '把+목적어+동사+给+누구'의 형태를 써서 '~을 ~에게 동사하다'가 되며 동작이 완료되었다면 '了'를 붙입니다.

한자중국어	중국어로 말하기
他把玫瑰送给我了。	그는 장미를 나에게 보냈다.
他把短信发给我了。	그는 문자를 나에게 보냈다.
他把邮件发给我了。	그는 메일을 나에게 보냈다.
他把钱汇给我了。	그는 돈을 나에게 보냈다.
他把包裹寄给我了。	그는 소포를 나에게 보냈다.

단어
邮件 yóujiàn 메일 / 钱 qián 돈 / 汇 huì 송금하다, 보내다 / 包裹 bāoguǒ 소포
寄 jì 부치다, 보내다

15

그는 선물을 나에게 보내지 않았다.
他没把礼物送给我。
没+把+명사+동사+给+누구
~을 ~에게 동사하지 않았다

한글중국어	병음중국어
타 메이 바 리우 쏭 게이 워.	Tā méi bǎ lǐwù sòng gěi wǒ.
타 메이 바 신시 아파 게이 워.	Tā méi bǎ xìnxī fā gěi wǒ.
타 메이 바 지앙찐 아파 게이 워.	Tā méi bǎ jiǎngjīn fā gěi wǒ.
타 메이 바 쉬에@페이 후이 게이 워.	Tā méi bǎ xuéfèi huì gěi wǒ.
타 메이 바 신 찌 게이 워.	Tā méi bǎ xìn jì gěi wǒ.

단어
礼物 lǐwù 선물 / 信息 xìnxī 소식, 정보 / 奖金 jiǎngjīn 보너스, 상여금

'把+목적어+동사+给+누구+了'가 '~을 ~에게 동사했다'이고 부정문은 '把' 앞에 '没'를 붙여 '没+把+목적어+동사+给+누구' 순서로 써서 '~을 ~에게 동사하지 않았다'는 뜻입니다.

한 자 중 국 어	중 국 어 로 말 하 기
他没把礼物送给我。	그는 선물을 나에게 보내지 않았다.
他没把信息发给我。	그는 소식을 나에게 보내지 않았다.
他没把奖金发给我。	그는 보너스를 나에게 주지 않았다.
他没把学费汇给我。	그는 학비를 나에게 보내지 않았다.
他没把信寄给我。	그는 편지를 나에게 보내지 않았다.

단어
学费 xuéfèi 학비, 등록금 / 信 xìn 편지

16

눈을 감으세요.
闭上眼睛。

동사+上 | ~에 밀착한 느낌

한글중국어	병음중국어

삐 샹 얜찡. — Bì shang yǎnjing.

워 아이 샹 타 러. — Wǒ ài shang tā le.

워 카오 샹 따쉬에 러. — Wǒ kǎo shang dàxué le.

칭 닌 찌 샹 안취앤따이. — Qǐng nín jì shang ānquándài.

워 메이 꾸안 샹 먼. — Wǒ méi guān shang mén.

단어
闭 bì 감다 / 眼睛 yǎnjing 눈 / 爱 ài 사랑하다 / 考 kǎo 시험보다 / 大学 dàxué 대학교

'上 shàng'이 보어로 쓰이면 '동사+上'의 형태로 우리말로 정확하게 해석하기는 어렵고, '동사에 밀착해서 붙은 느낌'을 표현합니다. 부정문은 동사 앞에 '没'를 붙여 '没+동사+上'입니다.

한자중국어	중국어로 말하기
闭上眼睛。	눈을 감으세요.
我爱上她了。	나는 그녀와 사랑에 빠졌다.
我考上大学了。	나는 대학에 합격했다.
请您系上安全带。	안전벨트를 매주세요.
我没关上门。	나는 문을 안 닫았다.

단어
系 jì 매다 / 安全带 ānquándài 안전벨트 / 关 guān 닫다 / 门 mén 문

Chapter 1 | 결과보어 패턴 **49**

17

앉으세요.
请你坐下。

동사+下 | ~에 남아있는 느낌

한글 중국어	병음 중국어
ˇ ˇ ˋ 칭 니 쭈오 시아.	Qǐng nǐ zuò xia.
ˇ ˇ ˋ ˉ 칭 니 퐝 시아 신.	Qǐng nǐ fàng xia xīn.
ˇ ˇ ˉ ˋ 니 바 빠오 퐝 시아 바!	Nǐ bǎ bāo fàng xia ba!
ˇ ˇ ˋ ˋ ˋ 니 바 쪄 후아 찌 시아 바!	Nǐ bǎ zhè huà jì xia ba!
ˇ ˋ ˋ ˋ 워먼 짜이 쩔 쭈 시아 바!	Wǒmen zài zhèr zhù xia ba!

단어
坐 zuò 앉다 / 放 fàng 놓다, 두다 / 放心 fàngxīn 마음 놓다

'下 xià'가 보어로 쓰이면, '동사+下' 패턴으로 써서 '높은 곳에서 낮은 곳으로 내려놓아 사람이나 사물을 어떤 장소에 남아있게 하는 느낌'을 표현합니다. 우리말로 딱히 해석할 수 없으니 예문을 통해서 어감을 익혀야 합니다.

한자중국어	중국어로 말하기
请你坐下。	앉으세요.
请你放下心。	마음 놓으세요.
你把包放下吧！	가방을 내려놓으세요!
你把这话记下吧！	이 말을 적으세요!
我们在这儿住下吧！	우리 여기서 살아요!

단어
话 huà 말 / 记 jì 적다, 쓰다 / 住 zhù 거주하다, 살다

Chapter 2

방향보어 패턴

18 你过来。
너 이리와!

동사+来 | ~해서 오다

한글중국어	병음중국어
니 꾸오 라이!	Nǐ guò lái.
니 쿠아이 후이 찌아 라이!	Nǐ kuài huí jiā lái!
타 샹 러우 라이 러.	Tā shàng lóu lái le.
타 찐 팡찌앤 라이 러.	Tā jìn fángjiān lái le.
타 총 찌아오스 리 쭈 라이 러.	Tā cóng jiàoshì lǐ chū lái le.

단어
过 guò 지나다, 건너다 / 快 kuài 빠르다 / 回家 huíjiā 집으로 돌아가다(/오다)
上楼 shànglóu (계단을) 오르다

'방향보어'란 동사의 방향을 보충 설명하는 보어를 말합니다. 방향보어 '来 lái'는 '동사+来' 형태를 써서, '동사해서 오다'라는 뜻이 됩니다. 동작이 완료되었으면 '来' 뒤에 '了'를 붙여주세요.

한자중국어	중국어로 말하기
你过来。	너 이리와!
你快回家来！	너 빨리 집으로 돌아와!
他上楼来了。	그는 (건물을) 올라왔다.
他进房间来了。	그는 방으로 들어왔다.
他从教室里出来了。	그는 교실 안에서 나왔다.

단어
进 jìn 들(어가)다 / 房间 fángjiān 방 / 从 cóng ...에서, 부터 / 教室 jiàoshì 교실 / 里 lǐ 안
出来 chūlái 나오다

19

이리 오지마, 내가 갈게.
你别过来, 我过去!
동사+去 | ~해서 가다

한글중국어	병음중국어
니 비에 꾸오 라이, 워 꾸오 취!	Nǐ bié guò lái, wǒ guò qù!
타 샹져우 페이 메이구오 취 러.	Tā shàngzhōu fēi Měiguó qù le.
타 깡깡 샹 러우 취 러.	Tā gānggāng shànglóu qù le.
타 찐 수쓰어 취 러.	Tā jìn sùshè qù le.
타 자오샹 쭈 취 러.	Tā zǎoshang chū qù le.

단어
别 bié …하지 마라 / 过 guò 지나다, 건너다 / 上周 shàngzhōu 지난주 / 飞 fēi 비행하다, 날다

방향보어 '去 qù'는 '동사+去'의 형태로 써서, '동사해서 가다'라는 뜻입니다.
동작이 완료되었으면 '去' 뒤에 '了'를 붙여주세요.

한자중국어	중국어로 말하기
你别过来，我过去！	이리 오지마, 내가 갈게.
她上周飞美国去了。	그녀는 저번주에 미국으로 갔다.
她刚刚上楼去了。	그녀는 방금 (건물을) 올라갔다.
她进宿舍去了。	그녀는 기숙사로 들어갔다.
她早上出去了。	그녀는 아침에 나갔다.

단어
美国 Měiguó 미국 / 刚刚 gānggāng 방금 / 宿舍 sùshè 기숙사 / 早上 zǎoshang 아침
出去 chūqù 나가다

Chapter 2 | 방향보어 패턴 **57**

20 你快跑上来!

너 빨리 뛰어올라와!

동사+上来/上去/下来/下去
~해서 올라오다

한글중국어	병음중국어
니 콰이 파오 썅라이!	Nǐ kuài pǎo shànglai!
니 콰이 저우 썅취!	Nǐ kuài zǒu shàngqu!
타 파오 시아 러우 라이 러.	Tā pǎo xià lóu lai le.
타 저우 시아 러우 취 러.	Tā zǒu xià lóu qu le.
쓰푸 저우 썅 러우 취 러.	Shīfu zǒu shàng lóu qu le.

단어
跑 pǎo 뛰다 / 走 zǒu 걷다 / 楼 lóu 건물, 빌딩 / 工作 gōngzuò 일, 일자리, 일하다

 동사 뒤에 방향보어 '上来/上去/下来/下去'가 오면 '동사해서 올라오다/올라가다/내려오다/내려가다'의 뜻이 되는데, 주로 '걷다'라는 뜻의 '走 zǒu'와 '뛰다'라는 뜻의 '跑 pǎo'와 결합합니다. 동작이 완료되었으면 '上来/上去/下来/下去' 뒤에 '了'를 붙입니다.

한자중국어	중국어로 말하기
你快跑上来！	너 빨리 뛰어올라와!
你快走上去！	너 빨리 걸어 올라가!
他跑下楼来了。	그는 (건물을) 뛰어내려왔다.
他走下楼去了。	그는 (건물을) 걸어 내려갔다.
师傅走上楼去了。	아저씨가 (건물을) 걸어 올라갔다.

단어
师傅 shīfu 기술직을 가진 사람들을 부르는 호칭

21 너 걸어 들어와!
你走进来吧!
동사+进来/进去/出来/出去
~해서 들어오다

한 글 중 국 어	병 음 중 국 어
니 저우 찐라이 바!	Nǐ zǒu jìnlai ba!
니 콰이 파오 쮸라이!	Nǐ kuài pǎo chūlai!
타 저우 찐 팡찌앤 취 러.	Tā zǒu jìn fángjiān qu le.
타 총 먼커우 파오 쮸라이 러.	Tā cóng ménkǒu pǎo chūlai le.
타 총 우즈 리 파오 쮸취 러.	Tā cóng wūzi lǐ pǎo chūqu le.

단어
从 cóng ...에서, 부터 / 房间 fángjiān 방

동사 뒤에 방향보어 '进来/进去/出来/出去'가 와서 '동사해서 들어오다/들어가다/나오다/나가다'의 뜻이 되고, 역시 주로 동사 '走 zǒu 걷다'와 '跑 pǎo 뛰다'와 결합합니다.
동작이 완료되었으면 '进来/进去/出来/出去' 뒤에 '了'를 붙여주세요.

한 자 중 국 어	중 국 어 로 말 하 기
你走进来吧！	너 걸어 들어와!
你快跑出来！	너 빨리 뛰어 나와!
他走进房间去了。	그는 방으로 걸어 들어갔다.
他从门口跑出来了。	그는 입구에서 뛰어 나왔다.
他从屋子里跑出去了。	그는 집 안에서 뛰어 나갔다.

단어
门口 ménkǒu 문입구 / 屋子 wūzi 방

22 너 사서 돌아와!
你买回来吧!

동사+回来/回去
~해서 돌아오다/돌아가다

한글중국어	병음중국어
니 마이 후이라이 바!	Nǐ mǎi huílai ba!
니 바 딴까오 마이 후이라이 바!	Nǐ bǎ dàngāo mǎi huílai ba!
니 바 슈이구오 따이 후이취 바!	Nǐ bǎ shuǐguǒ dài huíqu ba!
타 바 하이즈 따이 후이라이 러.	Tā bǎ háizi dài huílai le.
타 바 쫑띠앤치 찌에 후이취 러.	Tā bǎ chōngdiànqì jiè huíqu le.

단어
蛋糕 dàngāo 케이크 / 水果 shuǐguǒ 과일 / 孩子 háizi 아이

동사 뒤에 방향보어 '回来/回去'가 오면 '동사해서 돌아오다/돌아가다'의 뜻입니다. 목적어는 전치사 '把 bǎ'를 써서 강조해서 잘 쓰고, 동작이 완료되었으면 '回来/回去' 뒤에 '了'를 붙입니다.

한자중국어	중국어로 말하기
你买回来吧！	너 사서 돌아와!
你把蛋糕买回来吧！	너 케이크 사서 돌아와!
你把水果带回去吧！	너 과일 가지고 돌아가!
她把孩子带回来了。	그녀는 아이를 데리고 돌아왔다.
她把充电器借回去了。	그녀는 충전기를 빌려 돌아갔다.

단어
充电器 chōngdiànqì 충전기 / 借 jiè 빌리다

23

꼬마야, (걸어서) 이리와!
小朋友, 你走过来!

동사+过来/过去/起来
~해서 오다

한 글 중 국 어	병 음 중 국 어
샤오펑요, 니 저우 꾸오라이!	Xiǎopéngyou, nǐ zǒu guòlai!
니 콰이 파오 꾸오라이!	Nǐ kuài pǎo guòlai!
타 자오찌우 저우 구오취 러.	Tā zǎojiù zǒu guòqu le.
따지아 떠우 짠 치라이 러.	Dàjiā dōu zhàn qǐlai le.
워 깡깡 시앙 치라이 러.	Wǒ gānggāng xiǎng qǐlai le.

단어

小朋友 xiǎopéngyou 꼬마친구, 어린아이 / 早就 zǎojiù 이미, 벌써 / 都 dōu 도두, 다

동사 뒤에 방향보어 '过来/过去'가 오면 '동사해서 오다/가다'의 뜻입니다. 또한 동사 뒤에 방향보어 '起来 qǐlai'는 동작이 진행되는 것을 나타냅니다.

한 자 중 국 어	중 국 어 로 말 하 기
小朋友，你走过来！	꼬마야, (걸어서)이리와!
你快跑过来！	너 빨리 뛰어 (이쪽으로)와!
他早就走过去了。	그는 벌써 걸어(다른 쪽으로)갔다.
大家都站起来了。	모두들 일어났다.
我刚刚想起来了。	나는 방금 생각이 났다.

단어
站 zhàn 서다, 일어나다 / 刚刚 gānggāng 방금, 막 / 想 xiǎng 생각하다

Chapter 3

정도보어 패턴

24 저 빨리 걸어요.
我走得很快。

동사+得+형용사 | ~하는 것이 ~하다

| 한글중국어 | 병음중국어 |

워 저우 더 헌 콰이. Wǒ zǒu de hěn kuài.

워 파오 더 헌 만. Wǒ pǎo de hěn màn.

워 메이티앤 쑤이 더 헌 완. Wǒ měitiān shuì de hěn wǎn.

워 찐티앤 치 더 헌 자오. Wǒ jīntiān qǐ de hěn zǎo.

워 주오티앤 츠 더 헌 샤오. Wǒ zuótiān chī de hěn shǎo.

단어
慢 màn 느리다 / 每天 měitiān 매일 / 起 qǐ 일어나다

정도보어의 기본 형식인 '동사+得 de+형용사'는 '동사하는 것이 형용사하다'로 해석됩니다. 정도보어는 평소 동작에 대한 평가나 이미 발생된 동작에 대한 평가를 말합니다. 정도보어를 쓰는 문장에서 주의할 것은 우리말로 해석했을 때 과거로 해석되더라도 '了'를 쓰지 않는다는 것입니다.

한 자 중 국 어	중 국 어 로 말 하 기
我走得很快。	저 빨리 걸어요.
我跑得很慢。	저 느리게 뛰어요.
我每天睡得很晚。	저 매일 늦게 자요.
我今天起得很早。	저 오늘 일찍 일어났어요.
我昨天吃得很少。	저 어제 적게 먹었어요.

단어
早 zǎo 이르다 / 少 shǎo 적다

25

저 잘 못 했어요.
我做得不好。

동사+得不+형용사
~하는 것이 ~하지 않다

한글중국어	병음중국어

워 쭈오 더 뿌 하오.
Wǒ zuò de bù hǎo.

워 핑으쓰 으츠 더 뿌 샤오.
Wǒ píngshí chī de bù shǎo.

워 쪄우모 시우시 더 뿌 하오.
Wǒ zhōumò xiūxi de bù hǎo.

워 찐티앤 치 더 뿌 완.
Wǒ jīntiān qǐ de bù wǎn.

워 주오티앤 쑤이 더 뿌 자오.
Wǒ zuótiān shuì de bù zǎo.

단어
平时 píngshí 평소

정도보어의 부정형은 형용사 앞에 부정부사 '不'를 넣으면 됩니다.
바로 '동사+得不+형용사'의 형태이고요, '동사가 형용사 하지 않다'로 해석됩니다.

한자중국어	중국어로 말하기
我做得不好。	저 잘 못 했어요.
我平时吃得不少。	저 평소에 적게 먹지 않아요.
我周末休息得不好。	저 주말에 잘 못 쉬었어요.
我今天起得不晚。	저 오늘 늦게 안 일어났어요.
我昨天睡得不早。	저 어제 일찍 안 잤어요.

단어
休息 xiūxi 쉬다, 휴식하다

26 그녀는 음식을 맛있게 잘 만든다.
她(做)菜做得很好吃。
(동사)+목적어+동사+得+형용사
~를 ~하는 것이 ~하다

한글중국어	병음중국어
타 (쭈오) 차이 쭈오 더 헌 하오츠.	Tā (zuò) cài zuò de hěn hǎochī.
타 탸오 우 탸오 더 헌 하오.	Tā (tiào) wǔ tiào de hěn hǎo.
타 카이 츠어 카이 더 헌 하오.	Tā (kāi) chē kāi de hěn hǎo.
타 시에 쯔 시에 더 헌 하오칸.	Tā (xiě) zì xiě de hěn hǎokàn.
타 슈오 잉위 슈오 더 헌 리우리.	Tā (shuō) yīngyǔ shuō de hěn liúlì.

단어
做菜 zuò cài 요리하다 / 好吃 hǎochī 맛있다 / 跳舞 tiào wǔ 춤을 추다
开车 kāi chē 차를 몰다, 운전하다

목적어가 있는 문장의 정도보어 패턴은 '(동사)+목적어+동사+得+형용사'의 형태로 써야 하며, '목적어를 동사하는 것이 형용사하다'라는 뜻이 됩니다.

한자중국어	중국어로 말하기
她(做)菜做得很好吃。	그녀는 음식을 맛있게 잘 만든다.
她(跳)舞跳得很好。	그녀는 춤을 잘 춘다.
她(开)车开得很好。	그녀는 운전을 잘 한다.
她(写)字写得很好看。	그녀는 글자를 예쁘게 잘 쓴다.
她(说)英语说得很流利。	그녀는 영어를 유창하게 잘 한다.

단어
写字 xiě zì 글을 쓰다 / 好看 hǎokàn 예쁘다 / 英语 yīngyǔ 영어 / 流利 liúlì 유창하다

27

나는 밥을 잘 못 한다.
我(做)饭做得不好吃。

목적어+동사+得+不+형용사
~를 ~하는 것이 ~하지 않다

한글중국어	병음중국어

워 (쭈오) 빤 쭈오 더 뿌 하오츠.   Wǒ (zuò) fàn zuò de bù hàochī.

워 (챵) 끄어 챵 더 뿌 하오팅.   Wǒ (chàng) gē chàng de bù hǎotīng.

워 (시에) 한쯔 시에 더 뿌 하오칸.   Wǒ (xiě) hànzì xiě de bù hǎokàn.

워 (슈오) 한위 슈오 더 뿌 리우리.   Wǒ (shuō) hànyǔ shuō de bù liúlì.

워 (쭈오) 이푸 쭈오 더 부 퍄오리앙.   Wǒ (zuò) yīfu zuò de bú piàoliang.

단어
做饭 zuòfàn 밥을 하다, 요리하다 / 唱歌 chàng gē 노래를 부르다

목적어가 있는 문장의 정도보어의 부정형은 형용사 앞에 부정부사 '不'를 넣어서 '(동사+)목적어+동사+得+不+형용사'의 형태로 써야 하며, '목적어를 동사하는 것이 형용사하지 않다'라는 뜻이 됩니다.

한자중국어 / 중국어로 말하기

我(做)饭做得不好吃。 나는 밥을 잘 못 한다.

我(唱)歌唱得不好听。 나는 노래를 잘 못 부른다.

我(写)汉字写得不好看。 나는 한자를 잘 못 쓴다.

我(说)汉语说得不流利。 나는 중국어를 유창하게 못 한다.

我(做)衣服做得不漂亮。 나는 옷을 예쁘게 못 만든다.

단어
好听 hǎotīng (말 또는 소리가) 듣기 좋다 / 汉字 hànzì 한자 / 汉语 hànyǔ 중국어 / 衣服 yīfu 옷 / 漂亮 piàoliang 예쁘다

Chapter 4

가능보어 패턴

28 저 다 먹을 수 있어요.
我能吃得完。

동사+得+결과보어 | ~할 수 있다

한글 중국어	병음 중국어
워 넝 츠 더 완.	Wǒ néng chī de wán.
잉위 워 넝 팅 더 동.	Yīngyǔ wǒ néng tīng de dǒng.
쩌 피앤 원쨩 워 칸 더 동.	Zhè piān wénzhāng wǒ kàn de dǒng.
쭈커우 워 넝 쟈오 더 따오.	Chūkǒu wǒ néng zhǎo de dào.
워 이 티앤 넝 쭈오 더 완.	Wǒ yì tiān néng zuò de wán.

단어
能 néng ~할 수 있다 / 英语 yīngyǔ 영어 / 篇 piān (문장을 세는 양사) 편

조동사 '~할 수 있다(가능)'의 역할을 보어가 대신할 수 있는데, 이것을 '가능보어'라고 합니다. '동사+得+결과보어/방향보어/了liǎo'의 형태로 쓸 수 있습니다. 또, 동사 앞에 조동사 能néng 을 붙여 말할 수 있는데, 이는 강조하는 효과가 있습니다. 먼저 결과보어가 온 경우부터 살펴보겠습니다.

한자중국어	중국어로 말하기
我能吃得完。	저 다 먹을 수 있어요.
英语我能听得懂。	영어 저 알아들을 수 있어요.
这篇文章我看得懂。	이 문장 저 이해할 수 있어요.
出口我能找得到。	출구 저 찾을 수 있어요.
我一天能做得完。	저 하루에 다 할 수 있어요.

단어
文章 wénzhāng 문장 / 出口 chūkǒu 출구 / 一天 yì tiān 하루

29

저 혼자 다 못 먹어요.
我一个人吃不完。
동사+不+결과보어 | ~할 수 없다

한글 중국어	병음 중국어
워 이 거 런 츠 부 완.	Wǒ yí ge rén chī bu wán.
르위 워 팅 부 똥.	Rìyǔ wǒ tīng bu dǒng.
잉원바오 워 칸 부 똥.	Yīngwénbào wǒ kàn bu dǒng.
루커우 워 짜오 부 따오.	Rùkǒu wǒ zhǎo bu dào.
쪄 으 워 량 티앤 쭈오 뿌 완.	Zhè shì wǒ liǎng tiān zuò bu wán.

단어
日语 rìyǔ 일본어 / 英文报 yīngwénbào 영어신문

동사와 결과보어 사이에 부정부사 '不'를 넣으면 가능보어의 부정문이 됩니다.
그런데 긍정문에서는 동사 앞에 조동사 '能'을 붙여 강조해서 말할 수 있는데,
부정문에서는 동사 앞에 '能'을 넣을 수 없으니 주의하세요.

한자중국어	중국어로 말하기
我一个人吃不完。	저 혼자 다 못 먹어요.
日语我听不懂。	일본어 저 못 알아들어요.
英文报我看不懂。	영어신문 저 못 알아봐요.
入口我找不到。	입구를 저 못 찾겠어요.
这事我两天做不完。	이 일 저 이틀에 못 끝내요.

단어
入口 rùkǒu 입구 / 两天 liǎng tiān 이틀

30

저 모레 돌아올 수 있어요.
我后天回得来。
동사+得+방향보어 | ~할 수 있다

한글중국어	병음중국어

워 허우티앤 후이 더 라이. — Wǒ hòutiān huí de lái.

치 디앤 워 넝 치 더 라이. — Qī diǎn wǒ néng qǐ de lái.

샤오할 넝 찐 더 취. — Xiǎoháir néng jìn de qù.

쪄 거 꿍쓰 니 찐 더 취. — Zhè ge gōngsī nǐ jìn de qù.

쩔 치쳐어 꾸오 더 취. — Zhèr qìchē guò de qù.

단어
后天 hòutiān 모레 / 小孩儿 xiǎoháir 아이, 어린이 / 公司 gōngsī 회사

이번에는 '동사+得+방향보어' 형태의 가능보어를 배우겠습니다. 예를 들어, 동사 '回'와 방향보어 '来'를 붙여 '回来'는 '돌아오다'라는 뜻이 됩니다. 그런데 두 글자 사이에 구조조사 '得'를 넣으면 '回得来'가 되어 '돌아올 수 있다'라는 가능보어가 됩니다. 이것은 '能回来'와 같은 말이고요, 또한 동사 앞에 '能'을 넣어 '能回得来'라고 강조해서 말할 수 있습니다.

한 자 중 국 어	중 국 어 로 말 하 기
我后天回得来。	저 모레 돌아올 수 있어요.
7点我能起得来。	7시에 저 일어날 수 있어요.
小孩儿能进得去。	아이가 들어갈 수 있어요.
这个公司你进得去。	이 회사 당신 들어갈 수 있어요.
这儿汽车过得去。	여기 차가 지나갈 수 있어요.

단어

汽车 qìchē 자동차 / 过 guò 지나다, 통과하다

31

저 5시에 못 돌아와요.
我五点回不来。
동사+不+방향보어 | ~할 수 없다

| 한글중국어 | 병음중국어 |

워 우 디앤 후이 **뿌** 라이.
Wǒ wǔ diǎn huí **bu** lái.

타이 자오, 워 치 **부** 라이.
Tài zǎo, wǒ qǐ **bu** lái.

타이 까오, 워 썅 **부** 취.
Tài gāo, wǒ shàng **bu** qù.

니 츠따오 러, 찐 **부** 취.
Nǐ chídào le, jìn **bu** qù.

쩔 카츠어 꾸오 **부** 취.
Zhèr kǎchē guò **bu** qù.

단어
太 tài 너무, 지나치게 / 高 gāo 높다

동사와 방향보어 사이에 부정부사 '不'를 넣으면 가능보어의 부정문이 됩니다. 예를 들어, '回得来'는 '돌아올 수 있다'는 뜻이고, '回不来'는 '돌아올 수 없다'라는 뜻입니다. 그런데 긍정문에서는 동사 앞에 '能'을 붙여 강조해서 말할 수 있는데, 부정문에서는 동사 앞에 '能'을 넣을 수 없으니 주의하세요.

한자중국어	중국어로 말하기
我五点回不来。	저 5시에 못 돌아와요.
太早，我起不来。	너무 일러서 저 못 일어나요.
太高，我上不去。	너무 높아서 저 못 올라가요.
你迟到了，进不去。	당신 늦어서 못 들어가요.
这儿卡车过不去。	여기 트럭이 못 지나가요.

단어
迟到 chídào 지각하다 / 卡车 kǎchē 트럭

Chapter 4 | 가능보어 패턴 **85**

32 저 혼자 먹을 수 있어요.
我一个人吃得了.
동사+得+了 | ~할 수 있다

한글중국어	병음중국어
워 이 거 런 츠 더 랴오.	Wǒ yí ge rén chī de liǎo.
쳥니앤런 나 더 랴오.	Chéngniánrén ná de liǎo.
부 허우, 이 티앤 칸 더 랴오.	Bú hòu, yì tiān kàn de liǎo.
부 탕, 넝 흐어 더 랴오.	Bú tàng, néng hē de liǎo.
지앤딴, 쪄우모 넝 쭈오 더 랴오.	Jiǎndān, zhōumò néng zuò de liǎo.

단어
成年人 chéngniánrén 성인 / 拿 ná 들다 / 厚 hòu 두껍다 / 烫 tàng 뜨겁다

'동사+得+了(liǎo)'도 '~할 수 있다'라는 뜻의 가능보어입니다. 이 역시 동사 앞에 '能'을 붙여서 강조해서 말할 수 있습니다. '了'는 'le'가 아니라 'liǎo'로 발음하니 주의하세요.

한자중국어	중국어로 말하기
我一个人吃得了。	저 혼자 먹을 수 있어요.
成年人拿得了。	성인은 들 수 있어요.
不厚，一天看得了。	두껍지 않으니 하루에 볼 수 있어요.
不烫，能喝得了。	뜨겁지 않으니 마실 수 있어요.
简单，周末能做得了。	간단하니 주말에 할 수 있어요.

단어
简单 jiǎndān 간단하다 / 周末 zhōumò 주말

33

저 그를 못 잊겠어요.
我忘不了他。

동사+不+了 | ~할 수 없다

한글중국어	병음중국어
워 왕 부 랴오 타.	Wǒ wàng bu liǎo tā.
타이 망 러, 워 쭈오 부 랴오.	Tài máng le, wǒ zuò bu liǎo.
타이 라 러, 워 츠 부 랴오.	Tài là le, wǒ chī bu liǎo.
타이 쫑 러, 워 나 부 랴오.	Tài zhòng le, wǒ ná bu liǎo.
메이 띠앤 러, 다 부 랴오 띠앤후아.	Méi diàn le, dǎ bu liǎo diànhuà.

단어

忘 wàng 잊다 / 太~了 tài~le 너무~하다 / 忙 máng 바쁘다 / 辣 là 맵다

'동사+得+了(liǎo)'의 부정형은 '동사+不+了(liǎo)'로 '~할 수 없다'라는 뜻입니다. 앞에와 마찬가지로 가능보어 긍정문에서는 동사 앞에 '能'을 붙여 강조해서 말할 수 있는데, 부정문에서는 동사 앞에 '能'을 넣을 수 없으니 주의하세요.

한자중국어	중국어로 말하기
我忘不了他。	저 그를 못 잊겠어요.
太忙了, 我做不了。	너무 바빠서, 저 못해요.
太辣了, 我吃不了。	너무 매워, 저 못 먹어요.
太重了, 我拿不了。	너무 무거워, 저 못 들어요.
没电了, 打不了电话。	배터리가 다 돼서 전화 못 걸어요.

단어
重 zhòng 무겁다 / 打电话 dǎ diànhuà 전화를 걸다

Chapter 5

동량보어 패턴

34

당신 좀 기다리세요.
你等一下。

동사+一下 | 좀 ~하다

한글중국어	병음중국어
니 덩 이시아.	Nǐ děng yíxià.
니 빵 이시아.	Nǐ bāng yíxià.
니 렁찡 이시아.	Nǐ lěngjìng yíxià.
니 즈시 칸 이시아.	Nǐ zǐxì kàn yíxià.
니 런쪈 쭈오 이시아.	Nǐ rènzhēn zuò yíxià.

단어
等 děng 기다리다 / 帮 bāng 돕다 / 冷静 lěngjìng 냉정하다, 침착하다

'동량보어'란 동작의 횟수를 보충해 주는 말입니다. 동량보어 '一下(yíxià)'는 '동사+一下'의 순서로 써서 '좀 동사하다'의 의미입니다.

한자중국어	중국어로 말하기
你等一下。	당신 좀 기다리세요.
你帮一下。	당신 좀 도와주세요.
你冷静一下。	당신 좀 냉정해지세요.
你仔细看一下。	당신 자세히 좀 보세요.
你认真做一下。	당신 열심히 좀 하세요.

단어
仔细 zǐxì 꼼꼼하다, 자세하다 / 认真 rènzhēn 성실하다, 진지하다, 열심히 하다

35 나는 다시 한 번 복습을 했다.
我又复习了一遍。
동사+遍 | 몇 번 ~하다

한글중국어	병음중국어
워 요우 뿌시 러 이 비앤.	Wǒ yòu fùxí le yí biàn.
칭 니 짜이 쓔오 이 비앤.	Qǐng nǐ zài shuō yí biàn.
쪄 번 쓔 워 칸 러 량 비앤.	Zhè běn shū wǒ kàn le liǎng biàn.
쪄 뿌 띠앤잉 워 칸 러 싼 비앤.	Zhè bù diànyǐng wǒ kàn le sān biàn.
쪄 셔우 끄어 워 팅 러 헌 뚜오 비앤.	Zhè shǒu gē wǒ tīng le hěn duō biàn.

단어
又 yòu 또, 다시 / 复习 fùxí 복습하다 / 再 zài 다시 / 本 běn [양사] 권 * 책을 세는 단위
部 bù [양사] 편, 권 * 서적·영화를 세는 단위

 '보편적(普遍的)이다' 라는 말을 할 때 쓰는 '편(遍 biàn)'은 동량보어로 써서 '동사+횟수+遍' 순서로 말하고 '몇 번 동사하다'의 의미이며, 동사 자리에 '说(shuō 말하다)', '看(kàn 보다)', '听(tīng 듣다)' 등이 옵니다.

한자중국어	중국어로 말하기
我又复习了一遍。	나는 다시 한 번 복습을 했다.
请你再说一遍。	한 번 더 말해주세요.
这本书我看了两遍。	이 책 저 두 번 봤어요.
这部电影我看了三遍。	이 영화 저 세 번 봤어요.
这首歌我听了很多遍。	이 노래 저 여러 번 들었어요.

단어
电影 diànyǐng 영화 / 首 shǒu [양사] 수 * 시(詩)·사(詞) 노래를 세는 단위 / 歌 gē 노래

36

저 홍콩 한 번 가봤어요.
我去过一次香港。

동사+次 | 몇 번 ~하다

한글중국어	병음중국어
워 취 구오 이 츠 시앙강.	Wǒ qù guo yí cì Xiānggǎng.
워 쭈안 구오 량 츠 한푸.	Wǒ chuān guo liǎng cì hánfú.
워 츠 구오 싼 츠 카오야.	Wǒ chī guo sān cì kǎoyā.
워 흐어 타 찌앤 구오 지 츠.	Wǒ hé tā jiàn guo jǐ cì.
워 쭈 구오 헌 뚜오 츠 구오.	Wǒ chū guo hěn duō cì guó.

단어

香港 Xiānggǎng 홍콩 / 穿 chuān 입다 / 韩服 hánfú 한복

'차례(次例)' 할 때 '차(次 cì)'자는 동량보어로 써서 '동사+횟수+次' 순서로 말하고 '몇 번 동사하다'의 의미이며, 동사 자리에 '去(qù 가다)', '见(jiàn 만나다)', '吃(chī 먹다)' 등이 오고, '몇 번 가봤어요/먹어봤어요' 이렇게 말하게 되니까 동사 뒤에 경험을 나타내는 동태조사 '过 guo'가 자주 옵니다.

한자중국어	중국어로 말하기
我去过一次香港。	저 홍콩 한 번 가봤어요.
我穿过两次韩服。	저 한복 두 번 입어봤어요.
我吃过三次烤鸭。	저 오리구이 세 번 먹어봤어요.
我和他见过几次。	저 그와 몇 번 만나봤어요.
我出过很多次国。	저 출국 여러 번 해봤어요.

단어
烤鸭 kǎoyā 오리구이 / 出国 chūguó 출국하다

37

나는 매주 집에 한 번 갔다 옵니다.
我每周回一趟家。
동사+趟 | 몇 번 갔다 오다

한글중국어	병음중국어
ˇ ˇ ‾ ´ ˊ ˋ ‾ 워 메이 쩌우 후이 이 **탕** 찌아.	Wǒ měi zhōu huí yí **tàng** jiā.
ˇ ˋ ˊ ˋ ˇ ˇ ‾ 워 취 이 **탕** 시셔우찌앤.	Wǒ qù yí **tàng** xǐshǒujiān.
ˇ ˋ ‾ ˋ ˊ ˊ ˊ 워 샹 쩌우 취 러 이 **탕** 드어구오.	Wǒ shàng zhōu qù le yí **tàng** Déguó.
ˇ ˋ ‾ ˋ ˊ ˇ ˇ 워 쪄 쩌우 취 이 **탕** 아파구오.	Wǒ zhè zhōu qù yí **tàng** Fǎguó.
ˇ ˋ ‾ ˋ ˋ ˊ ˊ 워 시아 쩌우 야오 취 이 **탕** 위에난.	Wǒ xià zhōu yào qù yí **tàng** Yuènán.

단어
每周 měi zhōu 매주 / 上周 shàng zhōu 저번주 / 这周 zhè zhōu 이번주 / 下周 xià zhōu 다음주

동량보어 '趟 tàng'은 '동사+횟수+趟'의 순서로 써서 '몇 번 동사하다'의 의미이며, 동사 자리에 주로 '去(qù 가다)'나 '回(huí 돌아가다)'가 옵니다. '趟 tàng'이 '次 cì'와 비슷한 것 같은데 다른 것은 그 안에 '갔다 왔다 왕복의 개념'이 들어있다는 것입니다.

한자중국어	중국어로 말하기
我每周回一趟家。	나는 매주 집에 한 번 갔다 옵니다.
我去一趟洗手间。	저 화장실 갔다 올게요.
我上周去了一趟德国。	나는 저번주에 독일에 갔다 왔다.
我这周去一趟法国。	나는 이번주에 프랑스에 갔다 올 것이다.
我下周要去一趟越南。	나는 다음주에 베트남에 갔다 오려고 한다.

단어
洗手间 xǐshǒujiān 화장실 / 德国 Déguó 독일 / 法国 Fǎguó 프랑스 / 越南 Yuènán 베트남

Chapter 6

시량보어 패턴

38

초등학교는 6년 동안 다닌다.

小学上六年。

동사+○年 | ~년 동안 동사하다

한글중국어	병음중국어

샤오쉬에 썅 리우 니앤.

Xiǎoxué shàng liù nián.

따쉬에 이빤 두 쓰 니앤.

Dàxué yìbān dú sì nián.

워 짜이 쩔 꿍쭈오 러 빠 니앤.

Wǒ zài zhèr gōngzuò le bā nián.

워 짜이 룬뚠 쭈 러 우 니앤.

Wǒ zài Lúndūn zhù le wǔ nián.

워 짜이 니우위에 따이 러 량 니앤.

Wǒ zài Niǔyuē dāi le liǎng nián.

단어

小学 xiǎoxué 초등학교 / 大学 dàxué 대학 / 读 dú 읽다, 공부하다, 학교에 가다

'몇 년 동안 동사하다'는 말은 '동사+숫자+年(nián 년)' 순서로 말합니다. 우리말에서는 '몇 년' 이라는 말을 먼저 하는데 중국어는 동사 뒤에 말한다는 거 주의하세요! 또한 '몇 년 동안 동사했다'라는 말을 할 때 동태조사 '了'는 동사 뒤에 붙입니다.

한 자 중 국 어 ▶ 중 국 어 로 말 하 기

小学上六年。 초등학교는 6년 동안 다닌다.

大学一般读四年。 대학은 보통 4년 동안 다닌다.

我在这儿工作了八年。 나는 여기에서 8년 동안 일했다.

我在伦敦住了五年。 나는 런던에서 5년 동안 거주했다.

我在纽约呆了两年。 나는 뉴욕에서 2년간 있었다.

단어
伦敦 Lúndūn 런던 / 纽约 Niǔyuē 뉴욕 / 呆 dāi 머무르다

39 나는 한 달째 쉬고 있다.
我休息了一个月了。

동사+○个月
~개월 동안 동사하다

한글중국어	병음중국어
워 시우시 러 이 거 위에 러.	Wǒ xiūxi le yí ge yuè le.
워 앤지우 러 량 거 위에 러.	Wǒ yánjiū le liǎng ge yuè le.
워 리앤 러 우 거 위에 깡친 러.	Wǒ liàn le wǔ ge yuè gāngqín le.
워 쉬에 러 리우 거 위에 한위 러.	Wǒ xué le liù ge yuè hànyǔ le.
워 리앤 러 쓰 거 위에 푸라티 러.	Wǒ liàn le shí ge yuè pǔlātí le.

단어
休息 xiūxi 쉬다, 휴식하다 / 研究 yánjiū 연구, 연구하다 / 练 liàn 연습하다, 훈련하다

'몇 개월 동안 (목적어를) 동사하다'는 말은 '동사+숫자+个月(ge yuè 개월)+〈목적어〉' 순서로 말합니다. 또한 '몇 개월 동안 동사했다'라는 말을 할 때는 동태조사 '了'를 동사 뒤에 한 번만 붙이지만, '몇 개월째 동사하고 있다'라는 말을 하려면 동사 뒤에 '了'를 붙이고 문장 뒤에도 '了'를 붙입니다.

한자중국어	중국어로 말하기
我休息了一个月了。	나는 한 달째 쉬고 있다.
我研究了两个月了。	나는 두 달째 연구하고 있다.
我练了五个月钢琴了。	나는 피아노를 다섯 달째 하고 있다.
我学了六个月汉语了。	나는 여섯 달째 중국어를 배우고 있다.
我练了十个月普拉提了。	나는 열 달째 필라테스를 하고 있다.

단어
钢琴 gāngqín 피아노 / 普拉提 pǔlātí 필라테스

40 그녀는 1주일 동안 아팠다.
她病了一个星期。

동사+○个星期 | ~주 동안 동사하다

한 글 중 국 어	병 음 중 국 어
타 뼁 러 이 거 씽치.	Tā bìng le yí ge xīngqī.
타 쭈 위앤 쭈 러 싼 거 씽치.	Tā zhù yuàn zhù le sān ge xīngqī.
타 지앤 페이 지앤 러 쓰 거 씽치.	Tā jiǎn féi jiǎn le sì ge xīngqī.
타 시에 룬원 시에 러 량 거 씽치.	Tā xiě lùnwén xiě le liǎng ge xīngqī.
타 파이 으핀 파이 러 우 거 씽치.	Tā pāi shìpín pāi le wǔ ge xīngqī.

단어

病 bìng 아프다 / 住院 zhùyuàn 입원하다 / 减肥 jiǎnféi 다이어트 하다 / 写 xiě 쓰다

'몇 주 동안 동사하다'는 말은 '동사+숫자+个星期(ge xīngqī)' 순서로 말합니다. 또 '몇 주 동안 목적어를 동사하다'라는 말은 '동사+몇 주+목적어'의 순서로 말하는 것만 배웠는데, '동사+목적어+동사+몇 주'의 순서로도 말할 수 있고, 또한 동작의 완료 '了'는 같은 동사지만 두번째에 위치한 동사 뒤에 붙이니 주의하세요.

한자중국어	중국어로 말하기
她病了一个星期。	그녀는 1주일 동안 아팠다.
她住院住了三个星期。	그녀는 3주 동안 입원을 했다.
她减肥减了四个星期。	그녀는 4주 동안 다이어트를 했다.
她写论文写了两个星期。	그녀는 2주 동안 논문을 썼다.
她拍视频拍了五个星期。	그녀는 5주 동안 동영상 촬영을 했다.

단어
论文 lùnwén 논문 / 拍 pāi 찍다, 촬영하다 / 视频 shìpín 동영상

41

나는 일주일에 5일 일한다.
我一周工作五天。

동사+○天 | ~일 동안 동사하다

한글중국어	병음중국어
워 이 쪄우 꿍쭈오 우 티앤.	Wǒ yì zhōu gōngzuò wǔ tiān.
워 후아 러 량 티앤 후알.	Wǒ huà le liǎng tiān huàr.
워 츠 러 싼 티앤 야오.	Wǒ chī le sān tiān yào.
워 칭 러 우 티앤 찌아.	Wǒ qǐng le wǔ tiān jià.
워먼 챠오 러 싼 티앤 찌아.	Wǒmen chǎo le sān tiān jià.

단어
画画儿 huà huàr 그림을 그리다 / 药 yào 약 / 请假 qǐng jià 휴가를 내다

'며칠 동안 (~을) 동사하다'는 말은 '동사+숫자+天(tiān 일)+〈목적어〉'의 순서로 말할 수 있습니다. 또한 '며칠 동안 (목적어를) 동사했다'라는 말을 할 때 동태조사 '了'는 동사 뒤에 붙입니다. 위치에 주의하면서 살펴보도록 하겠습니다.

한자중국어	중국어로 말하기
我一周工作五天。	나는 일주일에 5일 동안 일한다.
我画了两天画儿。	나는 이틀 동안 그림을 그렸다.
我吃了三天药。	나는 3일 동안 약을 먹었다.
我请了五天假。	나는 5일 동안 휴가를 냈다.
我们吵了三天架。	우리는 3일 동안 말다툼을 했다.

단어
吵架 chǎo jià 말다툼 하다

42

나는 하루에 1시간 기도한다.
我一天祈祷一个小时。
동사+ㅇ 个小时
~시간 동안 동사하다

한글중국어	병음중국어
ˇ ˋ ˉ ˊ ˇ ˇ ˇ 워 이 티앤 치다오 이 거 샤오쓰.	Wǒ yì tiān qídǎo yí ge xiǎoshí.
ˇ ˋ ˉ ˇ ˋ ˇ ˇ ˇ 워 쭈오 까오티에 쭈오 러 량 거 샤오쓰.	Wǒ zuò gāotiě zuò le liǎng ge xiǎoshí.
ˇ ˉ ˋ ˉ ˉ ˇ ˇ 워먼 카이 후이 카이 러 싼 거 샤오쓰.	Wǒmen kāi huì kāi le sān ge xiǎoshí.
ˇ ˋ ˊ ˋ ˇ ˇ ˋ ˇ 워 땨오 위 땨오 러 우 거 빤 샤오쓰.	Wǒ diào yú diào le wǔ ge bàn xiǎoshí.
ˇ ˊ ˉ ˊ ˇ ˇ ˉ ˇ 워먼 랴오 티알 랴오 러 이 거 뚜오 샤오쓰.	Wǒmen liáo tiānr liáo le yí ge duō xiǎoshí.

단어
祈祷 qídǎo 기도하다 / 坐 zuò 타다 / 高铁 gāotiě 고속철도 / 开会 kāi huì 회의를 하다

'몇 시간 동안 동사하다'는 말은 '동사+숫자+个小时(ge xiǎoshí 시간)' 순서로 말합니다. 또한 '몇 시간 동안 목적어를 동사하다'라는 말은 '동사+몇 시간+목적어'의 순서로 말하거나, '동사+목적어+동사+몇 시간'의 순서로 말할 수 있고, 또한 동작의 완료 '了'는 같은 동사지만 두번째에 위치한 동사 뒤에 붙이니 주의하세요.

한자중국어 / 중국어로 말하기

我一天祈祷一个小时。 — 나는 하루에 1시간 기도한다.

我坐高铁坐了两个小时。 — 나는 2시간 동안 고속철도를 탔다.

我们开会开了三个小时。 — 우리는 3시간 동안 회의를 했다.

我钓鱼钓了五个半小时。 — 나는 5시간 반 동안 낚시를 했다.

我们聊天儿聊了一个多小时。 — 우리는 한 시간 넘게 수다를 떨었다.

단어
钓鱼 diào yú 낚시를 하다 / 聊天儿 liáo tiānr 한담하다, 수다을 떨다

43 나는 인터넷을 50분 동안 했다.
我上网上了五十分钟。
동사+○分钟
~분 동안 동사하다

한글 중국어	병음 중국어
워 샹 왕 샹 러 우 쓰 펀쫑.	Wǒ shàng wǎng shàng le wǔ shí fēnzhōng.
워 덩 타 덩 러 쓰 쓰 펀쫑.	Wǒ děng tā děng le sì shí fēnzhōng.
워 시 자오 시 러 쓰 우 펀쫑.	Wǒ xǐ zǎo xǐ le shí wǔ fēnzhōng.
워 치 쯔어 치 러 얼 쓰 펀쫑.	Wǒ qí chē qí le èr shí fēnzhōng.
워 카오 쓰 카오 러 싼 쓰 펀쫑.	Wǒ kǎo shì kǎo le sān shí fēnzhōng.

단어
上网 shàng wǎng 인터넷을 하다 / 等 děng 기다리다

'몇 분 동안 동사하다'는 말은 '동사+숫자+分钟(fēnzhōng 분)' 순서로 말합니다. 또한 '몇 분 동안 목적어를 동사하다'라는 말을 할 때 '上网 (shàng wǎng 인터넷을 하다), 洗澡(xǐ zǎo 샤워를 하다)'와 같이 술목관계로 결합된 '이합 동사'의 경우에는 주로 '동사+목적어+동사+몇 분'의 순서로 말하는 습관이 있습니다.

한 자 중 국 어	중 국 어 로 말 하 기
我上网上了五十**分钟**。	나는 인터넷을 50분 동안 했다.
我等她等了四十**分钟**。	나는 그녀를 40분 동안 기다렸다.
我洗澡洗了十五**分钟**。	나는 샤워를 15분 동안 했다.
我骑车骑了二十**分钟**。	나는 자전거를 20분 동안 탔다.
我考试考了三十**分钟**。	나는 시험을 30분 동안 봤다.

단어
洗澡 xǐzǎo 샤워를 하다 / 骑 qí 타다 / 考试 kǎo shì 시험을 보다

Chapter 7

연동문 패턴

44 너 그에게 물어보러 가!
你去问他吧!

去+목적어+동사 | (~에) ~하러 가다

한글중국어	병음중국어
니 취 원 타 바!	Nǐ qù wèn tā ba!
워 취 빤 으스.	Wǒ qù bàn shì.
워 취 찬지아 비싸이.	Wǒ qù cānjiā bǐsài.
워 취 이위앤 칸 삥 러.	Wǒ qù yīyuàn kàn bìng le.
워 취 요우쮜 찌 콰이띠 러.	Wǒ qù yóujú jì kuàidì le.

단어
问 wèn 묻다 / 办事 bàn shì 일을 보다, 일을 처리하다 / 参加 cānjiā 참가하다 / 比赛 bǐsài 시합

연동문은 하나의 주어에 서술어가 2개 이상인 문장을 말합니다. 연동문에서 가장 중요한 원칙은 동작이 일어난 순서대로 말해야 한다는 것입니다. '去(qù 가다)'가 첫번째 동사인 연동문은 일단 어느 장소에 간 다음 두 번째 동작을 하는 것인데, 해석은 '(~)에 동사하러 가다' 혹은 '(~)에 가서 동사하다' 이 두 가지로 해석할 수 있다는 것 기억하세요!

한 자 중 국 어	중 국 어 로 말 하 기
你去问他吧！	너 그에게 물어보러 가!
我去办事。	나는 일 처리하러 간다.
我去参加比赛。	나는 시합에 참가하러 간다.
我去医院看病了。	저 진찰하러 병원에 갔어요.
我去邮局寄快递了。	나는 택배 부치러 우체국에 갔다.

단어
医院 yīyuàn 병원 / 看病 kànbìng 진찰을 받다 / 邮局 yóujú 우체국 / 快递 kuàidì 택배

45

나는 지하철을 타고 출근한다.
我坐地铁上班。
坐+교통수단+동사 | ~를 타고 ~하다

| 한글중국어 | 병음중국어 |

워 쭈오 띠티에 양빤.
Wǒ zuò dìtiě shàngbān.

워 쭈오 꿍쟈오츠어 취 쉬에샤오.
Wǒ zuò gōngjiāochē qù xuéxiào.

워 허우티앤 쭈오 츄안 후이 구오.
Wǒ hòutiān zuò chuán huí guó.

워 쭈오 후오츠어 후이 찌아시앙.
Wǒ zuò huǒchē huí jiāxiāng.

워 쭈오 츄쭈츠어 후이 수스어 러.
Wǒ zuò chūzūchē huí sùshè le.

단어
地铁 dìtiě 지하철 / 上班 shàngbān 출근하다 / 公交车 gōngjiāochē 버스 / 船 chuán 배 / 回国 huíguó 귀국하다

'坐(zuò 타다)'가 첫번째 동사인 연동문은 '坐+교통수단+동사' 순서로 써서 '~를 타고 ~하다' 라는 뜻입니다. 이 문장도 연동문의 핵심인 동작이 일어나는 순서에 따라 말한다는 것을 잊지 마세요!

한자중국어	중국어로 말하기
我坐地铁上班。	나는 지하철을 타고 출근한다.
我坐公交车去学校。	나는 버스를 타고 학교에 간다.
我后天坐船回国。	나는 모레 배를 타고 귀국한다.
我坐火车回家乡。	나는 기차를 타고 고향에 간다.
我坐出租车回宿舍了。	나는 택시를 타고 기숙사로 돌아갔다.

단어

火车 huǒchē 기차 / 家乡 jiāxiāng 고향 / 出租车 chūzūchē 택시 / 宿舍 sùshè 기숙사

46

나는 평소에 자전거 타고 학교에 간다.
我平时骑车上学。
骑/用+교통수단/도구+동사
~를 타고/~로 ~하다

한글중국어	병음중국어
워 핑쓰 치 쯔어 샹쉬에.	Wǒ píngshí qí chē shàngxué.
워 치 모투오쯔어 쑹 와이마이.	Wǒ qí mótuōchē sòng wàimài.
워 이빤 융 쯔똥치앤비 시에 쯔.	Wǒ yìbān yòng zìdòngqiānbǐ xiě zì.
워 융 위앤쭈비 치앤 쯔 러.	Wǒ yòng yuánzhūbǐ qiān zì le.
워 융 위에신 마이 띠앤나오 러.	Wǒ yòng yuèxīn mǎi diànnǎo le.

단어
平时 píngshí 평소, 평상시 / 摩托车 mótuōchē 오토바이 / 外卖 wàimài 포장 판매 음식, 배달 음식
一般 yìbān 일반적으로, 보통

'骑(qí)/用(yòng)+교통수단/도구 명사+동사'는 '교통수단을 타고/도구를 사용해서 ~하다' 라는 뜻입니다. 뭘 탄 다음 어디를 가고, 뭘 써서 뭘 하니까 이 문장도 연동문의 핵심인 동작이 일어나는 순서에 따라 말을 하는 것이 핵심이네요.

한자중국어	중국어로 말하기
我平时骑车上学。	나는 평소에 자전거 타고 학교에 간다.
我骑摩托车送外卖。	나는 오토바이를 타고 음식을 배달한다.
我一般用自动铅笔写字。	나는 보통 샤프로 글씨를 쓴다.
我用圆珠笔签字了。	나는 볼펜으로 사인을 했다.
我用月薪买电脑了。	나는 월급으로 컴퓨터를 샀다.

단어

自动铅笔 zìdòngqiānbǐ 샤프 / 写字 xiě zì 글자를 쓰다 / 圆珠笔 yuánzhūbǐ 볼펜
签字 qiān zì 사인을 하다 / 月薪 yuèxīn 월급 / 电脑 diànnǎo 컴퓨터

47

나 퇴근하자마자 바로 너 찾으러 갈게.
我下了班就去找你。
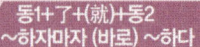

~하자마자 (바로) ~하다

한글 중국어	병음 중국어
워 시아 러 빤 찌우 취 쨔오 니.	Wǒ xià le bān jiù qù zhǎo nǐ.
워 시아 러 크어 찌우 취 부시빤.	Wǒ xià le kè jiù qù bǔxíbān.
타 지에 러 훈 찌우 츠 쯔 러.	Tā jié le hūn jiù cí zhí le.
타 쏭 러 리우 찌우 저우 러.	Tā sòng le lǐwù jiù zǒu le.
워먼 츠 러 자오판 찌우 츄파 바!	Wǒmen chī le zǎofàn jiù chūfā ba!

단어

下班 xià bān 퇴근하다 / 找 zhǎo 찾다 / 下课 xià kè 수업이 끝나다, 수업을 마치다
补习班 bǔxíbān 학원

연동문의 가장 중요한 원칙은 일이 일어난 순서대로 말하는 것이라고 했는데, 첫 번째 동작이 완료가 되었다면 동사 바로 뒤에 '了'를 쓰고 그 뒤에 두 번째 동사를 말합니다. 그러면 '첫 번째 동사를 하자마자 (바로) 두 번째 동사하다'라는 뜻이 됩니다.

한자중국어 > 중국어로 말하기

我下了班就去找你。 — 나 퇴근하자마자 바로 너 찾으러 갈게.

我下了课就去补习班。 — 나는 수업 마치자마자 바로 학원에 간다.

她结了婚就辞职了。 — 그녀는 결혼하자마자 바로 사직했다.

他送了礼物就走了。 — 그는 선물을 주자마자 바로 가버렸다.

我们吃了早饭就出发吧！ — 우리 아침 먹자마자 바로 출발하자!

단어
结婚 jié hūn 결혼하다 / 辞职 cí zhí 사직하다 / 礼物 lǐwù 선물 / 早饭 zǎofàn 아침밥
出发 chūfā 출발하다

48 你办完事就回公司吧!

너 일 다 처리하고 바로 회사로 돌아가!

동1+完+(就)+동2
다 ~하고 (바로) ~하다

한글중국어 / 병음중국어

니 빤 완 으쓰 찌우 후이 꿍쓰 바!
Nǐ bàn wán shì jiù huí gōngsī ba!

워 주오티앤 으츠 완 퐌 찌우 슈이 러.
Wǒ zuótiān chī wán fàn jiù shuì le.

타 슈오 완 찌우 꾸아 띠앤후아 러.
Tā shuō wán jiù guà diànhuà le.

워 찌아오 완 룬원 찌우 취 뤼요우.
Wǒ jiāo wán lùnwén jiù qù lǚyóu.

니 리우 완 거우 찌우 게이 타 시 시 지아오.
Nǐ liù wán gǒu jiù gěi tā xǐ xǐ jiǎo.

단어
睡 shuì 자다 / 挂电话 guà diànhuà 전화를 끊다 / 交 jiāo 내다, 제출하다 / 论文 lùnwén 논문 / 旅游 lǚyóu 여행(하다), 관광(하다)

연동문에서 첫 번째 동사 뒤에 결과보어 '完 wán'이 오고 두 번째 동사가 오면 '첫 번째 동사를 다 하고 (바로) 두 번째 동사하다' 라는 뜻이 됩니다.

한자중국어 ▶ 중국어로 말하기

你办完事就回公司吧！ 너 일 다 처리하고 바로 회사로 돌아가!

我昨天吃完饭就睡了。 나는 어제 밥 다 먹고 바로 잤다.

他说完就挂电话了。 그는 말을 다 하고 바로 전화를 끊었다.

我交完论文就去旅游。 나 논문 다 제출하고 바로 여행 가.

你遛完狗就给它洗洗脚。 너 개 산책 다 시키고 바로 발 좀 씻어줘.

단어

洗脚 xǐ jiǎo 발을 씻다 / 遛狗 liùgǒu 개를 (슬슬) 산책시키다

49 我一看就懂了。

나는 보자마자 바로 이해했다.

一 +동1+就+동2
~하자(마자) (바로) ~하다

한글 중국어	병음 중국어
워 이 칸 찌우 동 러.	Wǒ yí kàn jiù dǒng le.
워 이 시앙 타 찌우 리앤 훙.	Wǒ yì xiǎng tā jiù liǎn hóng.
워 이 흐어 지우 찌우 터우 윈.	Wǒ yì hē jiǔ jiù tóu yūn.
워 이 삐애 찌우 찌우얘 러.	Wǒ yí bìyè jiù jiùyè le.
워 이 똥 츠치 찌우 포 러.	Wǒ yí dòng cíqì jiù pò le.

단어
懂 dǒng 알다, 이해하다 / 想 xiǎng 생각하다 / 脸红 liǎn hóng 얼굴이 빨갛다, 부끄러워하다
喝酒 hē jiǔ 술을 마시다 / 头晕 tóu yūn 머리가 어지럽다

'一 +동사1+就+동사2'는 '동사1 하자(마자) 바로 동사2하다'라는 뜻입니다.
동사1과 동사2가 일어나는 시간이 매우 짧아서 곧바로 이어져 일어남을 나타냅니다.

한 자 중 국 어	중 국 어 로 말 하 기
我一看就懂了。	나는 보자마자 바로 이해했다.
我一想他就脸红。	나는 그를 생각하면 바로 얼굴이 빨개진다.
我一喝酒就头晕。	나는 술을 마시면 바로 머리가 어지럽다.
我一毕业就就业了。	나는 졸업하자마자 바로 취업을 했다.
我一动瓷器就破了。	내가 건드리자 도자기가 바로 부서졌다.

단어
毕业 bìyè 졸업(하다) / 就业 jiùyè 취업(하다) / 动 dòng 움직이다, 건드리다 / 瓷器 cíqì 도자기
破 pò 부수다, 깨다

Chapter 7 | 연동문 패턴 **127**

Chapter 8

복문 패턴

50

먼저 이를 닦고 그 다음 세수를 해.

先刷牙，再洗脸。

先A，再B
먼저 A하고 그 다음 B하다

한글 중국어	병음 중국어
시앤 쑤아야, 짜이 시 리앤.	Xiān shuāyá, zài xǐliǎn.
시앤 쭈오 띠티에, 짜이 쭈오 꿍쟈오쳐.	Xiān zuò dìtiě, zài zuò gōngjiāochē.
시앤 팅 팅, 짜이 파비아오 이찌앤.	Xiān tīng ting, zài fābiǎo yìjiàn.
시앤 카오뤼 카오뤼, 짜이 쭈오 주에띵.	Xiān kǎolǜ kǎolǜ, zài zuò juédìng.
시앤 꾸앙 찌에, 짜이 취 짠란후이 바!	Xiān guàng jiē, zài qù zhǎnlǎnhuì ba!

단어

刷牙 shuāyá 이를 닦다 / 洗脸 xǐliǎn 얼굴을 씻다, 세수하다 / 地铁 dìtiě 지하철
公交车 gōngjiāochē 버스 / 发表 fābiǎo 발표하다 / 意见 yìjiàn 의견

'先 xiān+A, (然后)再 zài+B'는 '먼저 A하고, 그 다음(/다시) B하다'라는 뜻입니다.
'然后 ránhòu'는 '그런 후에, 그 다음에'라는 뜻의 접속사인데, 생략해서 말하기도 합니다.

한자 중국어	중국어로 말하기
先刷牙，再洗脸。	먼저 이를 닦고 그 다음 세수를 해.
先坐地铁，再坐公交车。	먼저 지하철을 타고 다시 버스를 탄다.
先听听，再发表意见。	먼저 좀 듣고 그 다음 의견을 발표해.
先考虑考虑，再做决定。	먼저 좀 고려하고 다시 결정해.
先逛街，再去展览会吧！	먼저 쇼핑하고 그 다음 전시회에 가자!

단어

考虑 kǎolǜ 고려(하다) / 决定 juédìng 결정(하다)
逛街 guàng jiē 아이쇼핑하다, 거리를 구경하며 돌아다니다 / 展览会 zhǎnlǎnhuì 전시회

51

연휴여서 차가 막힌다.
因为是连休, 所以堵车。

因为 A, 所以 B
A때문에 그래서 B하다

한글중국어	병음중국어
인웨이 쓰 리앤시우, 수오이 두츠어.	Yīnwèi shì liánxiū, suǒyǐ dǔchē.
인웨이 쓰 위찌, 수오이 챠오쓰.	Yīnwèi shì yǔjì, suǒyǐ cháoshī.
인웨이 츠 더 샤오, 수오이 헌 셔우.	Yīnwèi chī de shǎo, suǒyǐ hěn shòu.
인웨이 츠 더 뚜오, 수오이 헌 팡.	Yīnwèi chī de duō, suǒyǐ hěn pàng.
인웨이 메이 슈이 하오, 수오이 헌 쿤.	Yīnwèi méi shuì hǎo, suǒyǐ hěn kùn.

단어
连休 liánxiū 연휴 / 堵车 dǔchē 차가 막히다 / 雨季 yǔjì 장마 / 潮湿 cháoshī 습하다, 축축하다

'因为 yīnwèi'는 '~때문에'라는 뜻이고, '所以 suǒyǐ'는 '그래서'라는 뜻입니다. 이 두 단어는 '因为+A, 所以+B'의 형태로 자주 쓰며, 'A이기 때문에 그래서 B하다'라는 뜻입니다.

한자중국어 〉 중국어로 말하기

因为是连休，所以堵车。　연휴여서 차가 막힌다.

因为是雨季，所以潮湿。　장마라서 습하다.

因为吃得少，所以很瘦。　적게 먹어서 말랐다.

因为吃得多，所以很胖。　많이 먹어서 뚱뚱하다.

因为没睡好，所以很困。　잘 못 자서 피곤하다.

단어
瘦 shòu 마르다, 여위다 / 胖 pàng 뚱뚱하다 / 困 kùn 피곤하다, 졸리다

52 일이 있으면 출근하지 마세요.
如果有事, 就别上班了。

如果 A, (就) B
(만약) A라면 B이다

한글중국어	병음중국어
루구오 요우 쓰, 찌우 비에 샹빤 러.	Rúguǒ yǒu shì, jiù bié shàngbān le.
루구오 티앤치 하오, 찌우 취 파샨 바!	Rúguǒ tiānqì hǎo, jiù qù páshān ba!
루구오 위 따오 쿤난, 찌우 리앤시 워.	Rúguǒ yù dao kùnnan, jiù liánxì wǒ.
루구오 쭈안 더 샤오, 찌우 후이 간마오.	Rúguǒ chuān de shǎo, jiù huì gǎnmào.
루구오 찐리, 찌우 후이 후오드어 꾸안쮠.	Rúguǒ jìnlì, jiù huì huòdé guànjūn.

단어

天气 tiānqì 날씨 / 爬山 páshān 등산하다 / 遇到 yù dao (우연히) 만나다, 마주치다
困难 kùnnan 곤란, 어려움 / 联系 liánxì 연락(하다)

'如果 rúguǒ +A, 就 jiù +B'는 '(만약) A라면 B하다'라는 뜻입니다. '如果'는 '(만약) ~라면'이라는 뜻이고, 뒤에 의미는 없지만 습관적으로 부사 '就'와 함께 잘 어울려 씁니다.

한자중국어	중국어로 말하기
如果有事，就别上班了。	일이 있으면 출근하지 마세요.
如果天气好，就去爬山吧！	날씨가 좋으면 등산 가자!
如果遇到困难，就联系我。	어려움을 만나면 나한테 연락해.
如果穿得少，就会感冒。	적게 입으면 감기 걸려요.
如果尽力，就会获得冠军。	최선을 다한다면 우승을 할 거예요.

단어
感冒 gǎnmào 감기(에 걸리다) / 尽力 jìnlì 힘을 다하다 / 获得 huòdé 획득하다, 얻다
冠军 guànjūn 우승, 1등

Chapter 8 | 복문 패턴

53
날씨가 맑으면 소풍을 갈 것이다.
要是晴天, 就去郊游。

要是A, (就)B
(만약) A라면 B이다

한글중국어 → 병음중국어

야오스 칭티앤, 찌우 취 찌아오요우.
Yàoshi qíngtiān, jiù qù jiāoyóu.

야오스 뿌 누리, 찌우 메이요 시왕.
Yàoshi bù nǔlì, jiù méiyǒu xīwàng.

야오스 하오치, 찌우 찌쉬 앤지우.
Yàoshi hàoqí, jiù jìxù yánjiū.

야오스 다 추오 러, 찌우 후이 쓰왕 더.
Yàoshi dá cuò le, jiù huì shīwàng de.

야오스 웨이 통, 찌우 부야오 짜이 츠 러.
Yàoshi wèi tòng, jiù búyào zài chī le.

단어
晴天 qíngtiān 맑은 날씨, 맑은 하늘 / 郊游 jiāoyóu 소풍(가다) / 努力 nǔlì 노력(하다), 힘쓰다
希望 xīwàng 희망(하다)

'要是 yàoshi +A, 就 jiù +B'는 '(만약) A라면 B할 것이다'라는 뜻입니다. '要是'는 '如果 rúguǒ'와 똑같이 '(만약) ~라면'이라는 뜻이고, 뒤에 의미는 없지만 습관적으로 부사 '就'와 함께 잘 어울려 씁니다.

> 한자중국어 | 중국어로 말하기

要是晴天，就去郊游。 | 날씨가 맑으면 소풍을 갈 것이다.

要是不努力，就没有希望。 | 노력하지 않으면 희망이 없다.

要是好奇，就继续研究。 | 궁금하면 계속 연구해.

要是答错了，就会失望的。 | 틀리게 대답하면 실망할 것이다.

要是胃痛，就不要再吃了。 | 위가 아프면 더 이상 먹지마라.

단어
研究 yánjiū 연구(하다) / 答 dá 대답하다 / 错 cuò 틀리다 / 失望 shīwàng 실망하다
胃 wèi 위 / 痛 tòng 아프다 / 不要 búyào …하지 마라

54

희망이 있으면 포기할 수 없다.
只要有希望，就不能放弃。

只要A，(就)B
A하기만 하면 B하다

한글 중국어	병음 중국어
쯔야오 요우 시왕, 찌우 뿌 넝 팡치.	Zhǐyào yǒu xīwàng, jiù bù néng fàngqì.
쯔야오 즈시 꾸안차, 찌우 후이 퐈시앤.	Zhǐyào zǐxì guānchá, jiù huì fāxiàn.
쯔야오 융꽁, 찌우 후이 요우 셔우후오.	Zhǐyào yònggōng, jiù huì yǒu shōuhuò.
쯔야오 뚜오 지아오, 찌우 롱이 샤오후아.	Zhǐyào duō jiáo, jiù róngyì xiāohuà.
쯔야오 챤핀 하오, 찌우 넝 쭈안 다오 치앤.	Zhǐyào chǎnpǐn hǎo, jiù néng zhuàn dao qián.

단어

放弃 fàngqì 포기하다 / 仔细 zǐxì 자세하다, 꼼꼼하다 / 观察 guānchá 관찰(하다)
发现 fāxiàn 발견(하다) / 用功 yònggōng 힘쓰다, 노력하다

'只要 zhǐyào +A, 就 jiù +B'는 'A하기만 하면 B하다'라는 뜻입니다. 접속사 '只要' 뒤 A에 구비 조건의 내용이 옵니다. 그리고 부사 '就'와 함께 잘 어울려 씁니다.

한자중국어 > 중국어로 말하기

只要有希望, 就不能放弃。 희망이 있으면 포기할 수 없다.

只要仔细观察, 就会发现。 자세히 관찰하면 발견할 것이다.

只要用功, 就会有收获。 열심히 하면 수확이 있을 것이다.

只要多嚼, 就容易消化。 많이 씹으면 쉽게 소화가 될 거야.

只要产品好, 就能赚到钱。 제품이 좋으면 돈을 벌 수 있다.

단어
收获 shōuhuò 수확(하다) / 嚼 jiáo 씹다 / 容易 róngyì 쉽다 / 消化 xiāohuà 소화(하다)
产品 chǎnpǐn 제품 / 赚 zhuàn (돈을) 벌다

55 단결해야만 비로소 이길 수 있다.
只有团结，才能赢。

只有 A, 才 B
A해야지만 비로소 B하다

한글중국어	병음중국어
쯔요우 투안지에, 차이 넝 잉.	Zhǐyǒu tuánjié, cái néng yíng.
쯔요우 니 야오칭 타, 타 차이 다잉 라이.	Zhǐyǒu nǐ yāoqǐng tā, tā cái dāying lái.
쯔요우 푸추 누리, 차이 넝 찐뿌.	Zhǐyǒu fùchū nǔlì, cái néng jìnbù.
쯔요우 푸무 통이, 차이 흐어 니 쨔오왕.	Zhǐyǒu fùmǔ tóngyì, cái hé nǐ jiāowǎng.
쯔요우 찌앤츠 윈똥, 차이 후이 찌앤캉.	Zhǐyǒu jiānchí yùndòng, cái huì jiànkāng.

단어

团结 tuánjié 단결하다 / 赢 yíng 이기다 / 邀请 yāoqǐng 초청하다, 초대하다
答应 dāying 승낙하다, 응답하다

'只有 zhǐyǒu +A, 才 cái +B'는 'A해야지만 비로소 B하다'라는 뜻입니다. 접속사 '只有' 뒤 A에 유일 조건의 내용이 옵니다. 그리고 '비로소'라는 뜻의 부사 '才 cái'와 함께 잘 어울려 씁니다.

한자중국어	중국어로 말하기
只有团结，才能赢。	단결해야만 비로소 이길 수 있다.
只有你邀请他，他才答应来。	네가 그를 초대해야만 그가 비로소 온다.
只有付出努力，才能进步。	노력을 들여야만 비로소 발전할 수 있다.
只有父母同意，才和你交往。	부모님이 동의를 하셔야만 비로소 너랑 교제해.
只有坚持运动，才会健康。	운동을 지속해야만 비로소 건강할 것이다.

단어
付出 fùchū 들이다, 기울이다 / 进步 jìnbù 발전(하다) / 同意 tóngyì 동의(하다)
交往 jiāowǎng 교제하다 / 坚持 jiānchí 견디다, 끝까지 버티다 / 健康 jiànkāng 건강(하다)

Chapter 8 | 복문 패턴

56

어딜 가든 다 나에게 알려줘.

不管去哪儿, 都告诉我。

不管 A, 都 B
A에 상관없이 모두 B하다

한글중국어	병음중국어
뿌구완 취 날, 떠우 까오수 워.	Bùguǎn qù nǎr, dōu gàosu wǒ.
뿌구완 쩐머양, 떠우 야오 렁찡.	Bùguǎn zěnmeyàng, dōu yào lěngjìng.
뿌구완 쓰 웨이, 떠우 데이 쭌셔우 파뤼.	Bùguǎn shì shéi, dōu děi zūnshǒu fǎlǜ.
뿌구완 뚜이 부 뚜이, 떠우 쯔츠 니.	Bùguǎn duì bu duì, dōu zhīchí nǐ.
뿌구완 쓰 짱 후오 하이쓰 레이 후오, 떠우 깐.	Bùguǎn shì zāng huó háishì lèi huó, dōu gàn.

단어

告诉 gàosu ~에게 알려주다 / 冷静 lěngjìng 냉정하다, 침착하다 / 得 děi (마땅히) …해야 한다
遵守 zūnshǒu 준수하다, 지키다

'不管 bùguǎn +A, 都 dōu +B'는 'A에 상관없이 모두 B하다'라는 뜻입니다. '不管+A'는 'A에 상관없이'라는 뜻의 접속사로 A에 의문사나 '对不对' 같은 형식의 정반의문문 혹은 ~还是~ 같은 선택의문문이 옵니다. 그리고 뒤에 '모두'라는 뜻의 부사 '都'와 자주 어울려 씁니다.

한자중국어	중국어로 말하기

不管去哪儿, **都**告诉我。 　　어디를 가든 다 나에게 알려줘.

不管怎么样, **都**要冷静。 　　어쨌든 다 냉정해야 해.

不管是谁, **都**得遵守法律。 　　누구든 다 법을 지켜야한다.

不管对不对, **都**支持你。 　　맞건 안 맞건 다 널 응원해.

不管是脏活还是累活, **都**干。 　　더러운 일이건 힘든 일이건 다 한다.

단어
法律 fǎlǜ 법률 / 对 duì 맞다, 옳다 / 支持 zhīchí 지지하다, 응원하다 / 脏活 zānghuó 더러운 일
累活 lèihuó 힘든 일 / 干 gàn (일을) 하다

Chapter 8 | 복문 패턴 **143**

57 비록 잘 생기지는 않았지만 인간성이 좋다.
虽然不帅, 但是为人好。

虽然A, 但是B
비록 A지만 그러나 B하다

한글중국어	병음중국어

수이란 부 쓔아이, 딴쓰 웨이런 하오.

Suīrán bú shuài, dànshì wéirén hǎo.

수이란 헌 쳐우, 크어쓰 신디 샨량.

Suīrán hěn chǒu, kěshì xīndì shànliang.

수이란 꾸이, 부꾸오 쯔리앙 하오.

Suīrán guì, búguò zhìliàng hǎo.

수이란 요우디알 찌우, 딴 헌 찌에쓰.

Suīrán yǒudiǎnr jiù, dàn hěn jiēshi.

수이란 쭈츠 찌앤, 딴 흐어 더 라이.

Suīrán chūcì jiàn, dàn hé de lái.

단어
帅 shuài 잘생기다, 멋지다 / 为人 wéirén 사람 됨됨이, 인간성, 인품 / 丑 chǒu 못생기다
心地 xīndì 마음속 / 善良 shànliang 착하다 / 质量 zhìliàng 질, 품질

'虽然 suīrán'은 '비록 ~지만'이라는 뜻의 접속사로 '虽然' 뒤에는 '그러나, 하지만'이라는 뜻의 '但是 dànshì', '可是 kěshì', '不过 búguò' 등과 함께 쓰여 '虽然+A, 但是/可是/不过+B'의 패턴이 되어 '비록 A지만, 그러나 B하다'라는 뜻이 됩니다.

한자중국어 / 중국어로 말하기

虽然不帅，但是为人好。
비록 잘 생기지는 않았지만 인간성이 좋다.

虽然很丑，可是心地善良。
비록 못 생겼지만 마음이 착하다.

虽然贵，不过质量好。
비록 비싸지만 품질이 좋다.

虽然有点儿旧，但很结实。
비록 조금 낡았지만 단단하다.

虽然初次见，但合得来。
비록 처음 만났지만 마음이 맞는다.

단어
旧 jiù 낡다, 오래 되다 / 结实 jiēshi 단단하다, 튼튼하다 / 初次 chūcì 첫 번, 처음
合得来 hé de lái 마음이 맞다.

58

그는 똑똑하고 용감하다.
他既聪明又勇敢。

既 A，又 B ｜ A이기도 하고, B이기도 하다

한글중국어	병음중국어
타 찌 총밍 요우 융간.	Tā jì cōngming yòu yǒnggǎn.
타 찌 딴춘 요우 쩡즈.	Tā jì dānchún yòu zhèngzhí.
띠앤잉 찌 요우취 요우 요우이.	Diànyǐng jì yǒuqù yòu yǒuyì.
팡찌앤 찌 깐찡 요우 밍리앙.	Fángjiān jì gānjìng yòu míngliàng.
똥시 찌 피앤이 요우 하오융.	Dōngxi jì piányi yòu hǎoyòng.

단어
聪明 cōngming 총명하다, 똑똑하다 / 勇敢 yǒnggǎn 용감하다 / 单纯 dānchún 순수하다, 단순하다
正直 zhèngzhí 정직하다 / 有趣 yǒuqù 재미있다

'~할 뿐만 아니라'라는 뜻의 '既 jì'는 '또'라는 뜻의 '又 yòu'와 함께 자주 씁니다. '주어+既+A, 又+B'의 패턴으로 써서, '주어가 A이기도 하고, B이기도 하다'라는 뜻입니다.

한자중국어	중국어로 말하기
他既聪明又勇敢。	그는 똑똑하고 용감하다.
她既单纯又正直。	그녀는 순수하고 정직하다.
电影既有趣又有益。	영화가 재미있고 유익해.
房间既干净又明亮。	방이 깨끗하고 밝아.
东西既便宜又好用。	물건이 싸고 쓰기도 좋아.

단어

有益 yǒuyì 유익하다, 도움이 되다 / 干净 gānjìng 깨끗하다 / 明亮 míngliàng 밝다, 환하다
便宜 piányi 싸다 / 好用 hǎoyòng 쓰기에 편하다

Chapter 8 | 복문 패턴 **147**

59 나는 목마르고 배고프다.
我又渴又饿。

又 A, 又 B | A이기도 하고, B이기도 하다

한글중국어	병음중국어
워 요우 크어 요우 으어.	Wǒ yòu kě yòu è.
타 요우 라오쓰 요우 넝깐.	Tā yòu lǎoshi yòu nénggàn.
똥티앤 요우 렁 요우 깐짜오.	Dōngtiān yòu lěng yòu gānzào.
워 요우 시앤무 요우 지뚜.	Wǒ yòu xiànmù yòu jídù.
쓰어찌 요우 쓰샹 요우 셩치앤.	Shèjì yòu shíshàng yòu shěngqián.

단어

渴 kě 목마르다 / 饿 è 배고프다 / 老实 lǎoshi 성실하다, 정직하다
能干 nénggàn 능력이 뛰어나다, 유능하다 / 冷 lěng 춥다 / 干燥 gānzào 건조하다

앞에서 '주어+既 jì +A, 又 yòu +B'의 패턴으로 써서, '주어가 A이기도 하고, B이기도 하다'라는 뜻이라고 했는데, '~할 뿐만 아니라'라는 뜻의 '既' 대신에 '또'라는 뜻의 '又'를 두 번 써서, '주어+又+A, 又+B'의 패턴도 '주어가 A이기도 하고, B이기도 하다'라는 뜻입니다.

한자중국어	중국어로 말하기
我又渴又饿。	나는 목마르고 배고프다.
他又老实又能干。	그는 성실하고 능력이 있다.
冬天又冷又干燥。	겨울은 춥고 건조하다.
我又羡慕又嫉妒。	나는 부럽기도 하고 질투도 느낀다.
设计又时尚又省钱。	디자인이 세련되고 돈도 절약된다.

단어
羡慕 xiànmù 부럽다, 부러워하다 / 嫉妒 jídù 질투하다 / 设计 shèjì 디자인
时尚 shíshàng 세련되다, 유행하다 / 省钱 shěngqián 돈을 절약하다

60 청소하면서 노래를 부른다.
一边打扫一边唱歌。

一边 A, 一边 B
A하면서 B하다

한글 중국어	병음 중국어
이비앤 다싸오 이비앤 챵 끄어.	Yìbiān dǎsǎo yìbiān chàng gē.
이비앤 으츠 판 이비앤 칸 신원.	Yìbiān chī fàn yìbiān kàn xīnwén.
이비앤 파 샨 이비앤 랴오티알.	Yìbiān pá shān yìbiān liáotiānr.
삐앤 탸오 셩 삐앤 슈 슈쯔.	Biān tiào shéng biān shǔ shùzì.
타 삐앤 샹쉬에 삐앤 쩡 치앤.	Tā biān shàngxué biān zhèng qián.

단어
打扫 dǎsǎo 청소하다 / 唱歌 chàng gē 노래를 부르다 / 新闻 xīnwén 뉴스
聊天儿 liáotiānr 수다를 떨다, 잡담을 하다 / 跳绳 tiàoshéng 줄넘기(를 하다)

'边 biān'은 '가 변(邊)'자의 간체자이고, '(一)边 (yì)biān'은 '한쪽, 한편'이라는 뜻으로, '(一)边+A, (一)边+B'의 형태로 써서, '(한편으로는) A하면서, (한편으로는) B하다'의 뜻입니다.

한자중국어 > 중국어로 말하기

一边打扫一边唱歌。 청소하면서 노래를 부른다.

一边吃饭一边看新闻。 밥을 먹으면서 뉴스를 본다.

一边爬山一边聊天儿。 등산을 하면서 이야기를 나눈다.

边跳绳边数数字。 줄넘기를 하면서 수를 센다.

他边上学边挣钱。 그는 학교 다니면서 돈을 번다.

단어
数 shǔ 세다 / 数字 shùzì 숫자 / 上学 shàngxué 학교에 다니다, 등교하다, 입학하다
挣钱 zhèng qián 돈을 벌다

부록

衣의 食식 住주 필수단어 모음

[住 주] 필수단어

장소

중국어	발음(한글)	병음	한국어
房子	팡즈	fángzi	집
房间	팡찌앤	fángjiān	방
建筑	찌앤쮸	jiànzhù	건물
住宅	쮸쟈이	zhùzhái	주택
公寓	꿍위	gōngyù	아파트
别墅	비에쓔	biéshù	별장
公司	꿍쓰	gōngsī	회사
办公室	빤꿍으ㅆ	bàngōngshì	사무실
学校	쉬에시아오	xuéxiào	학교
幼儿园	요우얼위앤	yòu'éryuán	유치원
小学	시아오쉬에	xiǎoxué	초등학교
初中	쭈쫑	chūzhōng	중학교
高中	까오쫑	gāozhōng	고등학교
大学	따쉬에	dàxué	대학교

图书馆	투쓔구안	túshūguǎn	도서관
教室	찌아오쓰	jiàoshì	교실
电视台	띠앤쓰타이	diànshìtái	방송국
银行	인항	yínháng	은행
邮局	요우쥐	yóujú	우체국
医院	이위앤	yīyuàn	병원
书店	쓔디앤	shūdiàn	서점
酒店	지우디앤	jiǔdiàn	호텔
宾馆	삔구안	bīnguǎn	호텔
饭馆儿	판구알	fànguǎnr	식당
餐厅	찬팅	cāntīng	식당
食堂	쓰탕	shítáng	(구내) 식당
快餐店	쿠아이찬디앤	kuàicāndiàn	패스트푸드점
面包店	미앤빠오디앤	miànbāodiàn	빵집

公园	꿍위앤	gōngyuán	공원
游乐园	요우르어위앤	yóulèyuán	놀이공원
运动场	윈똥챵	yùndòngchǎng	운동장
广场	구앙챵	guǎngchǎng	광장
市场	으ㅅ챵	shìchǎng	시장
百货(商)店	바이후오(샹)디앤	bǎihuò(shāng)diàn	백화점
商店	샹디앤	shāngdiàn	상점
商城	샹쳥	shāngchéng	쇼핑센터
超市	챠오으ㅅ	chāoshì	마트
便利店	삐앤리디앤	biànlìdiàn	편의점
干洗店	깐시디앤	gānxǐdiàn	세탁소
文具店	원쮜띠앤	wénjùdiàn	문방구
药店	야오디앤	yàodiàn	약국
家具店	찌아쮜디앤	jiājùdiàn	가구점

眼镜店	얜찡디앤	yǎnjìngdiàn	안경점
房地产中介	팡디챤쫑찌에	fángdìchǎnzhōngjiè	부동산
电影院	띠앤잉위앤	diànyǐngyuàn	영화관
咖啡店	카페이디앤	kāfēidiàn	카페
网吧	왕빠	wǎngbā	PC방
健身房	찌앤션팡	jiànshēnfáng	헬스장
美容院	메이롱위앤	měiróngyuàn	미용실
警察局	징차쥐	jǐngchájú	경찰서
派出所	파이쭈수오	pàichūsuǒ	파출소
地铁站	띠티에짠	dìtiězhàn	지하철역
公共汽车站	꽁꿍치쯔어짠	gōnggòngqìchēzhàn	버스정류장
客运站	크어윈짠	kèyùnzhàn	터미널
火车站	후오츠어짠	huǒchēzhàn	기차역
机场	찌챵	jīchǎng	공항

加油站	찌아요우짠	jiāyóuzhàn	주유소

욕실용품

马桶	마통	mǎtǒng	변기
水龙头	쑤이롱터우	shuǐlóngtóu	수도꼭지
毛巾	마오찐	máojīn	수건
香皂	시앙짜오	xiāngzào	비누
沐浴露	무위루	mùyùlù	바디 클렌져
洗发水	시m파쑤이	xǐfàshuǐ	샴푸
护发素	후m파수	hùfàsù	린스
牙刷	야쑤아	yáshuā	칫솔
牙膏	야까오	yágāo	치약
洗面奶	시미앤나이	xǐmiànnǎi	클렌징
剃须刀	티쉬따오	tìxūdāo	면도기
指甲刀	쯔지아따오	zhǐjiadāo	손톱깍기

梳子	슈즈	shūzi	빗
吹风机	츄이펑찌	chuīfēngjī	드라이기
棉棒	미앤빵	miánbàng	면봉

세탁 · 청소용품

洗衣液	시이얘	xǐyīyè	(액체) 세제
洗衣粉	시이펀	xǐyīfěn	(가루) 세제
柔顺剂	러우쓘찌	róushùnjì	섬유 유연제
垃圾桶	라지통	lājītǒng	쓰레기통
垃圾袋	라지따이	lājīdài	쓰레기봉지
扫帚	싸오쩌우	sàozhou	빗자루
垃圾铲	라지챤	lājīchǎn	쓰레받기

전자제품

电视	띠앤쓰	diànshì	텔레비전
空调	콩티아오	kōngtiáo	에어컨

洗衣机	시이찌	xǐyījī	세탁기
(电)冰箱	(띠앤)삥시앙	(diàn)bīngxiāng	냉장고
电风扇	띠앤펑샨	diànfēngshàn	선풍기
电饭锅	띠앤판꾸오	diànfànguō	전기밥솥
吸尘器	시쳔치	xīchénqì	전기청소기
空气净化器	콩치찡후아치	kōngqìjìnghuàqì	공기 청정기
加湿器	찌아쓰치	jiāshīqì	가습기
净水器	찡슈이치	jìngshuǐqì	정수기
台灯	타이떵	táidēng	스텐드
音响	인시앙	yīnxiǎng	스피커
照相机	짜오시앙찌	zhàoxiàngjī	카메라
摄像机	쓰어시앙찌	shèxiàngjī	비디오 카메라

컴퓨터제품

电脑	띠앤나오	diànnǎo	컴퓨터
笔记本（电脑）	비찌번	bǐjìběn	노트북
平板电脑	핑반띠앤나오	píngbǎndiànnǎo	태블릿 PC
鼠标	쓔비아오	shǔbiāo	마우스
键盘	찌앤판	jiànpán	키보드
显示器	시앤쓰치	xiǎnshìqì	모니터
打印机	다인찌	dǎyìnjī	프린터

핸드폰제품

手机	셔우찌	shǒujī	핸드폰
智能手机	쯔넝셔우찌	zhìnéngshǒujī	스마트폰
耳机	얼찌	ěrjī	이어폰
蓝牙耳机	란야얼찌	lányá'ěrjī	블루투스 이어폰
充电器	쫑띠앤치	chōngdiànqì	충전기

부록 | 衣食住 필수단어 모음 161

화장품

化妆品	후아쮸앙핀	huàzhuāngpǐn	화장품
爽肤水	슈앙푸슈이	shuǎngfūshuǐ	스킨
乳液	루애	rǔyè	로션
精华	찡후아	jīnghuá	에센스
眼霜	앤슈앙	yǎnshuāng	아이크림
面霜	미앤슈앙	miànshuāng	크림
防晒霜	팡샤이슈앙	fángshàishuāng	썬크림
粉饼	펀빙	fěnbǐng	트윈 케익
气垫粉饼	치띠앤펀빙	qìdiànfěnbǐng	쿠션
粉底液	펀디애	fěndǐyè	파운데이션
腮红	싸이홍	sāihóng	볼 터치
眼线笔	앤시앤비	yǎnxiànbǐ	아이라이너
眼影	앤잉	yǎnyǐng	아이섀도
睫毛膏	지에마오까오	jiémáogāo	마스카라

眉笔	메이비	méibǐ	아이브로우
唇膏	쭌까오	chúngāo	립스틱
口红	커우훙	kǒuhóng	립스틱
指甲油	쯔찌아요우	zhǐjiayóu	매니큐어
护手霜	후셔우슈앙	hùshǒushuāng	핸드크림
香水	시앙쉐이	xiāngshuǐ	향수
面膜	미앤모	miànmó	마스크 팩